Grundwissen *Deutsch*

Sprachfreunde und Lesefreunde Klassen 2–4

Erarbeitet von Solveig Haugwitz
und der Verlagsredaktion

unter Einbeziehung der Ausgabe von
Gerhild Schenk und Christine Szelenko

VOLK UND WISSEN

Inhaltsverzeichnis

Schreiben/Texte verfassen

Einen Text schreiben

Lesen/Umgang mit Texten

Lesen als Technik

Sachtexte

Besondere Textformen

Literarische Texte

Buchstaben und Alphabet

Das ABC heißt auch **Alphabet**.
Es umfasst alle **Buchstaben** unserer Sprache in einer bestimmten Reihenfolge.

Es ist wichtig, die richtige Reihenfolge des Alphabets zu kennen. Das hilft dabei, in einem Wörterbuch oder in einem Lexikon etwas finden und nachschlagen zu können.

Unser Alphabet hat **26** Buchstaben.
Diese gibt es als **Groß- und Kleinbuchstaben**.

A a	B b	C c	D d	E e	F f
G g	H h	I i	J j	K k	L l
M m	N n	O o	P p	Q q	R r
S s	T t	U u	V v	W w	
X x	Y y	Z z			

Laute

Laute kann man hören und sprechen.

- Buchstaben, die selbst – also ohne einen anderen Laut – klingen, sind **Selbstlaute** (Vokale).

A a – E e – I i – O o – U u

- Buchstaben, die nicht selbst – also nur mithilfe anderer Laute – klingen, sind **Mitlaute** (Konsonanten).

B b – C c – D d – F f – G g –

H h – J j – K k – L l – M m –

N n – P p – Q q – R r – S s –

T t – V v – W w – X x – Y y – Z z

- Die Selbstlaute A a – O o – U u können zu **Umlauten** Ä ä – Ö ö – Ü ü werden.

der Wald – die Wälder – das Wäldchen
der Ofen – die Öfen – das Öfchen
der Hut – die Hüte – das Hütchen

- Die Laute au, äu, eu, ei, ai sind **Zwielaute**.
Man schreibt zwei Buchstaben, hört aber nur einen Laut.

au	äu	eu	ei	ai
wir laufen	*die Mäuse*	*heute*	*die Kreide*	*der Hai*

Silben

Jedes Wort besteht aus einer Silbe oder mehreren Silben.

eine Silbe: *der Fisch, er singt, fein*

zwei Silben: *die Gläser, wir mögen, lustig*

drei Silben: *die Tomate, er verbindet, lächerlich*

vier Silben: *der Radiergummi,*

sie unterbrechen, automatisch

In jeder Silbe gibt es einen **Selbstlaut** (Vokal), einen **Umlaut** oder einen **Zwielaut**.

Selbstlaut: *die Tat, der Hut*
Umlaut: *die Tür, zwölf, der Bär*
Zwielaut: *der Brei, das Haus*

Um ein Wort richtig zu trennen, hilft es, die Silben zu klatschen.

Die Selbstlaute in den Silben können lang (–) oder kurz (.) gesprochen werden.

lang *Kram, legen, mir, Monat, Stube, Lösung*

kurz *bald, gern, Minze, Onkel, unten, Äffchen*

Wortbausteine

Ein Wort kann aus verschiedenen Teilen zusammengesetzt sein. Diese Teile nennt man **Wortbausteine**. Wörter mit dem gleichen **Wortstamm** gehören zu einer **Wortfamilie**.

Schmutz beschmutzen schmutzig
verschmutzen schmutzabweisend
Umweltverschmutzung Schmutzfink
laufen Läufer geläufig Wettlauf verlaufen

An einen Wortstamm kann man Wortbausteine anfügen.

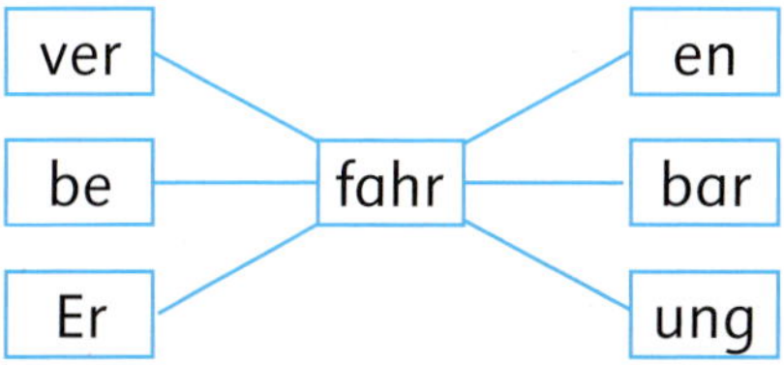

→ **vorangestellte** Wortbausteine
be-, ent-, ge-, ver-, vor-, un-, auf-, zurück-, hin-
__be__haupten, __auf__treten, __hin__fallen

→ **nachgestellte** Wortbausteine:
-heit, -keit, -ung, -schaft, -in, -nis, -ig, -isch, -lich, -sam
Schön__heit__, list__ig__, rat__sam__

→ **Endungen**: -e, -st, -t, -en, -er, -es, -el
die Kind__er__, ich sing__e__, die Fahr__t__

Durch Wortbausteine kann sich die **Bedeutung** eines Wortes stark **verändern**: *__aus__laufen – __ein__laufen,* *farb__ig__ – farb__los__*

Substantive/Nomen (Namenwörter) und Artikel (Begleiter)

Personen, Tiere, Pflanzen und Dinge sind **Substantive/ Nomen**. Sie werden großgeschrieben.

→ **Personen** haben Namen.
Vornamen: *Irene, Alexander*
Nachnamen: *Schulze, Krüger*
Personen: *der Opa, die Busfahrerin*

→ **Tierarten** haben Namen.
der Storch, die Gänse, der Elefant, der Hund, die Kuh

→ **Dinge** haben Namen.
der Sessel, die Wand, der Ballon, die Tafel, das Fahrrad, das Ei

→ **Pflanzen** haben Namen.
der Apfel, der Baum, die Mohrrübe, die Tulpe

Zu den Substantiven/Nomen gehören auch Wörter wie:
der Wunsch, der Traum, die Sorge, eine Frage, die Bitte, der Gruß, der Frieden, die Liebe, das Schwimmen

Vor ein Substantiv/Nomen kann man einen **Artikel** setzen. Artikel gibt es in der männlichen, weiblichen und sächlichen Form.

Man unterscheidet **bestimmte** und **unbestimmte** Artikel.

	männlich	weiblich	sächlich
bestimmter Artikel:	*der Schlitten*	*die Feder*	*das Schloss*
unbestimmter Artikel:	*ein Schlitten*	*eine Feder*	*ein Schloss*

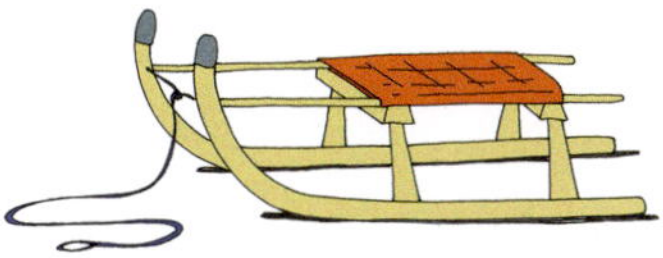

Substantive/Nomen können durch einen **Oberbegriff** (Sammelnamen) zusammengefasst werden.

Möbel:
der Schrank, das Sofa, der Stuhl, der Tisch, das Bett, die Kommode

Obst:
die Himbeere, die Stachelbeere, der Apfel, die Erdbeere, die Kirsche

Substantive/Nomen werden durch ein **Adjektiv** (Eigenschaftswort) näher erklärt:

der ***bunte*** *Drachen*
die ***volle*** *Tüte*
das ***schöne*** *Bild*

Einzahl (Singular) und Mehrzahl (Plural)

Substantive/Nomen können in der **Einzahl** und in der **Mehrzahl** stehen.

In der Mehrzahl heißt der Artikel immer **die**.

Die Mehrzahl wird so gebildet:

→ durch Endungen

*die Schnecke – **die** Schneck**en***
*der Pfirsich – **die** Pfirsich**e***
*das Kind – **die** Kind**er***

→ durch Umlaut/Endungen

*der Apfel – **die Ä**pfel*
*die Nuss – **die** N**ü**ss**e***

→ nur durch den Artikel

*das Radieschen – **die** Radieschen*
*das Messer – **die** Messer*

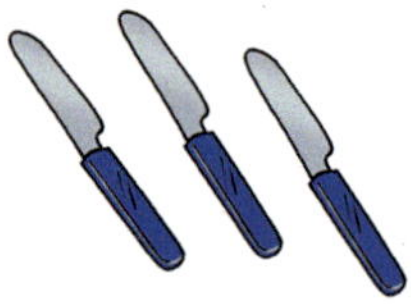

Manche Substantive/Nomen haben besondere Mehrzahlformen.

der Atlas – die Atlanten
der Kaktus – die Kakteen
der Bau – die Bauten
das Visum – die Visa

Für manche Substantive/Nomen gibt es keine Einzahl, für andere keine Mehrzahl.

keine Einzahl:
die Ferien, die Kosten

keine Mehrzahl:
das Stroh, das Obst

Zusammengesetzte Substantive/Nomen

- Substantive/Nomen können zusammengesetzt werden.

das Holz + das Haus → das Holzhaus

der Baum + das Haus → das Baumhaus

Zusammengesetzte Substantive/Nomen setzen sich aus einem **Bestimmungswort** (Holz, Baum) und einem **Grundwort** (Haus) zusammen.

HOLZ HAUS
BAUM HAUS

Das erste Wort ist immer das Bestimmungswort.

Das zweite Wort ist immer das Grundwort.

- Grundwörter sind immer Substantive/Nomen.

*das Lese**buch***
*der Rot**stift***
*die Wand**lampe***

- Bestimmungswörter können Substantive/Nomen, Verben und Adjektive sein.

Nomen:	Verben:	Adjektive:
*der **Hasen**käfig*	*das **Spring**seil*	*der **Rot**stift*
*die **Maus**taste*	*die **Dusch**kabine*	*die **Schwer**kraft*

Vorsilben und Nachsilben

Substantive/Nomen können mithilfe von Vorsilben oder Nachsilben gebildet werden.

Vorsilben

Ge- *dichten – das* **Ge***dicht, sehen – das* **Ge***sicht*

Un- *das Wetter – das* **Un***wetter, die Schuld – die* **Un***schuld*

Ver- *raten – der* **Ver***rat, kaufen – der* **Ver***kauf*

Miss- *die Ernte – die* **Miss***ernte, der Erfolg – der* **Miss***erfolg*

Be- *halten – der* **Be***hälter, der Schluss – der* **Be***schluss*

Nachsilben

-nis *geheim – das Geheim***nis***, erleben – das Erleb***nis**

-heit *schön – die Schön***heit***, faul – die Faul***heit**

-keit *häufig – die Häufig***keit***, ewig – die Ewig***keit**

-in *der König – die König***in***, der Bauer – die Bäuer***in**

-schaft *der Freund – die Freund***schaft***, der Herr – die Herr***schaft**

-ung *das Steuer – die Steuer***ung***, erkälten – die Erkält***ung**

Verkleinerungsformen

- Substantive/Nomen kann man verkleinern oder verniedlichen. Am häufigsten wird zur Verkleinerung die Endung **-chen** verwendet.

*das Bein – das Bein**chen***
*das Hemd – das Hemd**chen***

- Stehen **a, o, u** oder **au** im Wort, wird daraus **ä, ö, ü** oder **äu**.

*der Apfel – das **Ä**pfelchen*
*die Hose – das H**ö**schen*
*der Hund – das H**ü**ndchen*
*der Baum – das B**äu**mchen*

- Die Verkleinerungssilbe **-lein** findet man hauptsächlich in Märchen.

*Das tapfere Schneider**lein***
*Die sieben Geiß**lein***
*Brüder**lein** und Schwester**lein***

- Einige Wörter werden nur in der Verkleinerungsform gebraucht.

das Mädchen – das Kaninchen –
das Märchen – das Radieschen

Die vier Fälle

Substantive/Nomen können im Satz in verschiedenen Formen vorkommen. Diese Formen heißen **Fälle**. Es gibt vier Fälle. Nach dem Fall, in dem ein Substantiv/Nomen steht, kann man fragen.

1. Fall (Nominativ)
Frage: **Wer?** oder **Was?**
Das Mädchen liegt im Gras.
Wer liegt im Gras? → *das Mädchen*

Das Bild ist groß.
Was ist groß? → *das Bild*

2. Fall (Genitiv)
Frage: **Wessen?**
*Die Hose **des Mädchens** ist blau.*
Wessen Hose ist blau? → *des Mädchens*

3. Fall (Dativ)
Frage: **Wem?**
*Ich schaue **dem Mädchen** zu.*
Wem schaue ich zu? → *dem Mädchen*

4. Fall (Akkusativ)
Frage: **Wen?** oder **Was?**
*Ich kenne **das Mädchen**.*
Wen kenne ich? → *das Mädchen*

*Mama liebt **das Meer**.*
Was liebt Mama? → *das Meer*

Übersicht zu den vier Fällen

Ein Substantiv/Nomen kann sowohl in der Einzahl als auch in der Mehrzahl in einem der vier Fälle stehen.

männlich

Fall	**Einzahl** (Singular)	**Mehrzahl** (Plural)
1. Fall (Nominativ)	*der Mann*	*die Männer*
2. Fall (Genitiv)	*des Mannes*	*der Männer*
3. Fall (Dativ)	*dem Mann*	*den Männern*
4. Fall (Akkusativ)	*den Mann*	*die Männer*

weiblich

Fall	**Einzahl** (Singular)	**Mehrzahl** (Plural)
1. Fall (Nominativ)	*die Frau*	*die Frauen*
2. Fall (Genitiv)	*der Frau*	*der Frauen*
3. Fall (Dativ)	*der Frau*	*den Frauen*
4. Fall (Akkusativ)	*die Frau*	*die Frauen*

sächlich

Fall	**Einzahl** (Singular)	**Mehrzahl** (Plural)
1. Fall (Nominativ)	*das Paket*	*die Pakete*
2. Fall (Genitiv)	*des Paketes*	*der Pakete*
3. Fall (Dativ)	*dem Paket*	*den Paketen*
4. Fall (Akkusativ)	*das Paket*	*die Pakete*

Personalpronomen (persönliche Fürwörter)

Substantive/Nomen können durch **Personalpronomen** ersetzt werden.

ich, du, er, sie, es, wir, ihr, sie

männlich: *Der Lehrer sammelt Briefmarken.*
Er sammelt Briefmarken.

weiblich: *Die Oma trinkt gern Kakao.*
Sie trinkt gern Kakao.

sächlich: *Das Kind spielt Klavier.*
Es spielt Klavier.

Mehrzahl: *Die Jungen spielen Fußball.*
Sie spielen Fußball.

In einem Text werden Personalpronomen verwendet, um Wiederholungen zu vermeiden.

Frau Schneider klingelt beim Nachbarn.
Sie (Frau Schneider) beschwert sich:
„Also, Ihre Katze hat heute meinen Wellensittich gefressen!"
Der Nachbar überlegt kurz. Dann sagt er (der Nachbar):
„Gut, dass Sie es sagen, dann kriegt sie (die Katze) heute aber auch nichts mehr."

Weitere Pronomen (Fürwörter)

Possessivpronomen zeigen an, wem etwas gehört.
Als Pronomen ersetzen oder begleiten sie ein Substantiv.
mein, dein, sein/ihr/sein, unser, euer, ihr
mein Ball – dein Fahrrad – seine Katze – eure Blumen
Wem gehört dieser Stift? Das ist meiner.

Demonstrativpronomen sind hinweisende Pronomen.
Sie werden verwendet, um auf etwas hinzudeuten.

dieser/diese/dieses	*Diesen Ring habe ich von Oma.*
solcher/solche/solches	*Ich möchte solche Schuhe haben.*
jener/jene/jenes	*Jene Tage waren die schönsten.*
derselbe/dieselbe/dasselbe	*Sie haben dasselbe Ziel.*

Relativpronomen sind Pronomen, die das vorangegangene Substantiv/Nomen noch einmal aufgreifen. Sie leiten einen Nebensatz ein.
der/die/das welcher/welche/welches
Ben wohnt in dem blauen Haus. Das hat sein Opa gebaut.
Ben wohnt in dem blauen Haus, ***das*** *sein Opa gebaut hat.*
Ben wohnt in dem blauen Haus, ***welches*** *sein Opa gebaut hat.*

→ Das Wort **das** kann ein Artikel sein. *Er liest* ***das*** *Buch.*

→ Das Wort **das** kann aber auch ein Pronomen sein.
Das *ist gut. Das Kind,* ***das*** *die rote Hose trägt, spielt im Sand.*

Das Pronomen *das* muss man von dem Bindewort *dass* unterscheiden.
Es ist schön, ***dass*** *die Sonne scheint.*

Adjektive (Eigenschaftswörter)

Adjektive sagen, wie Substantive/Nomen sind.
Adjektive werden **kleingeschrieben**.

das Blatt
*Das Blatt ist **gelb**.*

der Vogel
*Der Vogel ist **klein**.*

Adjektive können ihre Form verändern, wenn sie vor Substantiven/Nomen stehen.

*das gelb**e** Blatt*
*ein gelb**es** Blatt*

*der klein**e** Vogel*
*ein klein**er** Vogel*

Adjektive können auch ein Verb näher bestimmen.

Der Bratapfel duftet lecker.
Wie **duftet** der Bratapfel? → *lecker*

Irene taucht tief.
Wie **taucht** Irene? → *tief*

Adjektive können **Gegensätze** beschreiben.

süß – sauer
kurz – lang
groß – klein

Steigerung der Adjektive

Adjektive kann man **steigern**.

Grundstufe	Mehrstufe	Meiststufe
Der Hahn ist ***klein****.*	*Die Maus ist* ***kleiner****.*	*Die Fliege ist* ***am kleinsten****.*

→ Manchmal werden bei einer Steigerung die Selbstlaute zu Umlauten.

warm – wärmer – am wärmsten
groß – größer – am größten

→ Es gibt Adjektive, die unregelmäßig gesteigert werden.

gut – besser – am besten
viel – mehr – am meisten
nah – näher – am nächsten
hoch – höher – am höchsten

→ Es gibt Adjektive, die nicht gesteigert werden können.

rund, lebendig, rot, fertig, dreieckig, ganz

Mit Adjektiven können wir Dinge **vergleichen**.

Paula ist ***schneller als*** *Johann.*
Roberta ist ***genauso groß wie*** *Paula.*
Johanns Fühler sind ***doppelt so lang wie*** *Robertas.*

Bildung von Adjektiven

- Aus Substantiven/Nomen werden Adjektive gebildet, indem man eine **Nachsilbe** anhängt.

Nachsilbe	Substantive/Nomen	Adjektiv
-ig	*der Durst*	*durst**ig***
-lich	*die Feier*	*feier**lich***
-isch	*der Neid*	*neid**isch***
-bar	*die Furcht*	*furcht**bar***
-sam	*das Schweigen*	*schweig**sam***
-haft	*der Fehler*	*fehler**haft***

Die Verlängerungsprobe hilft, den richtigen Buchstaben am Ende zu finden.
durstig – der durstige Hund
feierlich – eine feierliche Veranstaltung

- Wenn ein Adjektiv etwas mit **Ende** zu tun hat, wird es mit **d** geschrieben: *en**d**lich, en**d**gültig, en**d**los*
In allen anderen Fällen handelt es sich um die Vorsilbe **ent-**:
*en**t**täuscht, en**t**fernt, en**t**schlossen*

- Bei Adjektiven schreibt man am Wortanfang immer **tod-**:
*to**d**ernst, to**d**krank, to**d**unglücklich, to**d**müde*
Am Ende des Wortes schreibt man dagegen immer **-tot**:
*mauseto**t**, scheinto**t**, mundto**t***

- Mit der Vorsilbe **un-** kann man das Gegenteil ausdrücken.
*genau – **un**genau* *höflich – **un**höflich* *sauber – **un**sauber*

Zusammengesetzte Adjektive

Adjektive (Eigenschaftswörter) können aus verschiedenen Wörtern gebildet werden. Dabei drückt der erste Teil immer eine **Verstärkung** aus.

→ Verbindung aus Substantiv/Nomen und Adjektiv

die Kreide + bleich → *kreidebleich*

die Kugel + rund → *kugelrund*

→ Verbindung aus Adjektiv und Adjektiv

bitter + kalt → *bitterkalt*

wild + fremd → *wildfremd*

→ Verbindung aus Verb und Adjektiv

tropfen + nass → *tropfnass*

quietschen + vergnügt → *quietschvergnügt*

Durch einen Vergleich können zusammengesetzte Adjektive etwas genauer beschreiben.

so stark wie ein Bär → *bärenstark*
so gelb wie die Sonne → *sonnengelb*

Verben (Tätigkeitswörter)

Verben sagen, was jemand **tut** oder was **geschieht**.

*Papa **badet**. Mama **telefoniert**.*
*Mein Bruder **spielt** Handball.*
*Es **schneit**.*

Verben können in der **Grundform/Nennform** stehen.
In der Grundform/Nennform enden Verben auf **-en** oder **-n**.

*lauf**en** lern**en** les**en** rechn**en** sing**en** feier**n** segel**n***

Verben verändern sich im Satz.

kaufen – Ich kaufe Brot. Sie kauft Kuchen.

Wortstamm Endung

Sie stehen dann in der **gebeugten Form** (Personalform).
Dabei ändert sich die Endung.
Der Wortstamm bleibt meistens gleich.

Grundform/Nennform lern**en**

Einzahl		Mehrzahl	
1. Person	*ich lern**e***	1. Person	*wir lern**en***
2. Person	*du lern**st***	2. Person	*ihr lern**t***
3. Person	*er/sie/es lern**t***	3. Person	*sie lern**en***

Bei manchen Verben ändert sich in der gebeugten Form nicht nur die Endung, sondern auch der Wortstamm.

essen	*sehen*	*sein*	*haben*
ich esse	*ich sehe*	*ich bin*	*ich habe*
du isst	*du siehst*	*du bist*	*du hast*
er/sie/es isst	*er/sie/es sieht*	*er/sie/es ist*	*er/sie/es hat*
wir essen	*wir sehen*	*wir sind*	*wir haben*
ihr esst	*ihr seht*	*ihr seid*	*ihr habt*
sie essen	*sie sehen*	*sie sind*	*sie haben*

Verben können auch in der **Befehlsform** stehen.

Einzahl:

helfen → *hilf* → *Hilf der Oma!*
lesen → *lies* → *Lies den Satz vor!*
geben → *gib* → *Gib mir bitte dein Heft!*
nehmen → *nimm* → *Nimm die Mütze ab!*
fangen → *fang* → *Fang den Ball!*

Mehrzahl:

helfen → *helft* → *Helft euch gegenseitig!*
lesen → *lest* → *Lest die Geschichte!*
geben → *gebt* → *Gebt mir bitte eure Hefte!*
nehmen → *nehmt* → *Nehmt den Bus!*
fangen → *fangt* → *Fangt mich doch!*

Zeitformen der Verben

Die Zeitformen der Verben sagen, **wann** etwas geschieht.

→ Geschieht etwas **jetzt**, benutzt man Verben in der Zeitstufe **Präsens** (Gegenwart).
*Er **erzählt** Oma einen Witz. Sie **lacht**.*

→ Das **Präteritum** (Vergangenheit) verwendet man, wenn etwas **früher** geschah.
*Er **erzählte** Oma einen Witz. Sie **lachte**.*

Manche Verben haben im Präteritum einen **anderen Wortstamm** als im Präsens.

Präsens	Präteritum
ich esse	*ich aß*
ich lese	*ich las*
ich nenne	*ich nannte*
ich bringe	*ich brachte*

Man sucht im Wörterverzeichnis immer nach der Grundform/Nennform.
ging → bei *gehen*
nahm → bei *nehmen*

Wenn man über etwas Abgeschlossenes mündlich berichtet, wird das **Perfekt** verwendet.
Dazu werden die Hilfsverben **haben** und **sein** gebraucht.

gehen Ich **bin** **gegangen**.

lachen Ich **habe** **gelacht**.

Ich ***habe*** *gelesen.*	*Ich* ***bin*** *gefahren.*
Du ***hast*** *gelesen.*	*Du* ***bist*** *gefahren.*
Er/sie/es ***hat*** *gelesen.*	*Er/sie/es* ***ist*** *gefahren.*
Wir ***haben*** *gelesen.*	*Wir* ***sind*** *gefahren.*
Ihr ***habt*** *gelesen.*	*Ihr* ***seid*** *gefahren.*
Sie ***haben*** *gelesen.*	*Sie* ***sind*** *gefahren.*

Bei der Bildung der Vergangenheitsform ändert sich oft der Selbstlaut im Wortstamm.
Man nennt diese Verben **starke Verben**.

brechen – es brach – es ist gebrochen
schlafen – sie schlief – sie hat geschlafen
tragen – er trug – er hat getragen

Zeitformen der Verben

Wenn man etwas Zukünftiges ausdrückt, wird das **Futur** verwendet.

gehen Ich **werde** **gehen**.

lachen Du **wirst** **lachen**.

Das Futur wird aus zwei Teilen gebildet: Mit einer gebeugten Form (Personalform) von **werden** und mit der **Grundform/Nennform** eines Verbs.

	werden
ich	*werde*
du	*wirst*
er/sie/es	*wird*
wir	*werden*
ihr	*werdet*
sie	*werden*

*Ich **werde** ein Lied **singen**.*
*Du **wirst** ein Buch **lesen**.*
*Er **wird** einen Kuchen **backen**.*
*Sie **wird** Federball **spielen**.*
*Es **wird** ein Eis **essen**.*
*Wir **werden** ins Kino **gehen**.*
*Ihr **werdet** ein Theaterstück **aufführen**.*
*Sie **werden** ins Schwimmbad **fahren**.*

Besondere Hilfsverben

Hilfsverben sind Verben, die für die Bildung einiger Zeitformen gebraucht werden.

Personalpronomen	*sein*	*haben*	*werden*
ich	*bin*	*habe*	*werde*
du	*bist*	*hast*	*wirst*
er/sie/es	*ist*	*hat*	*wird*
wir	*sind*	*haben*	*werden*
ihr	*seid*	*habt*	*werdet*
sie	*sind*	*haben*	*werden*

Sie sind in den Urlaub gefahren.

Ich habe geschlafen.

Ihr werdet laufen.

Will man eine Möglichkeit, eine Notwendigkeit oder einen Wunsch ausdrücken, nutzt man **besondere Hilfsverben (Modalverben)**. Es gibt sechs Modalverben:
können, dürfen, mögen, müssen, sollen, wollen

Möglichkeit	*Er **kann** zur Schule gehen.* *Sie **darf** nach Hause fahren.*
Notwendigkeit	*Die Schüler **sollen** rennen.* *Die Sportler **müssen** trainieren.*
Wunsch	*Das Kind **möchte** spielen.* *Der Opa **will** schlafen.*

Übersicht zu den Formen der Verben

Grundform/Nennform **lernen** (regelmäßiges Verb)

Person	Präsens	Präteritum	Perfekt	Futur
Einzahl (Singular)				
1. Person ich	*ich lerne*	*ich lernte*	*ich habe gelernt*	*ich werde lernen*
2. Person du	*du lernst*	*du lerntest*	*du hast gelernt*	*du wirst lernen*
3. Person er/sie/es	*er/sie/es lernt*	*er/sie/es lernte*	*er/sie/es hat gelernt*	*er/sie/es wird lernen*
Mehrzahl (Plural)				
1. Person wir	*wir lernen*	*wir lernten*	*wir haben gelernt*	*wir werden lernen*
2. Person ihr	*ihr lernt*	*ihr lerntet*	*ihr habt gelernt*	*ihr werdet lernen*
3. Person sie	*sie lernen*	*sie lernten*	*sie haben gelernt*	*sie werden lernen*

Bildung von Verben durch Wortbausteine

Durch die Verwendung von **Wortbausteinen** entstehen neue Wörter. Durch diese Wortbausteine verändern Verben ihre **Bedeutung**.

Wortbausteine sind:

aus	ein	an	um	ver-
be-	auf	mit	vor	hin

stellen

ausstellen *Der Künstler **stellt** seine neuen Gemälde **aus**.*
einstellen *Die Chefin **stellt** eine neue Mitarbeiterin **ein**.*
anstellen *Ich **stelle** mich in der Schlange hinten **an**.*
umstellen *Papa **stellt** die Möbel **um**.*
aufstellen *Die Schule **stellt** eine Fußballmannschaft **auf**.*
vorstellen *Der neue Direktor **stellt** sich vor.*
hinstellen *Mama **stellt** Kai das Frühstück **hin**.*
verstellen *Der Schauspieler **verstellt** sich gut.*
bestellen *Heute **bestellen** wir uns eine Pizza nach Hause.*

Präpositionen (Verhältniswörter)

Präpositionen setzen Wörter zueinander in Beziehung. Sie stehen meist vor Substantiven/Nomen oder Personalpronomen und bestimmen deren **Fall**.

Sie verändern ihre Form nicht.

Präpositionen verlangen den 2. Fall (Genitiv), den 3. Fall (Dativ) oder den 4. Fall (Akkusativ).

→ Präpositionen, die den **3. Fall (Dativ)** verlangen:
auf, zu, in, bei, aus, von, mit, über

*Ich habe das Buch **von** meinem Opa bekommen.*
***Von** wem? → **von** meinem Opa*

*Er streitet **mit** seinem Freund.*
***Mit** wem? → **mit** seinem Freund*

→ Präpositionen, die den **4. Fall (Akkusativ)** verlangen:
auf, in, für, durch, über, ohne

*Ich male ein Bild **für** meinen Opa.*
***Für** wen? → **für** meinen Opa*

*Er redet **über** seinen Freund.*
***Über** wen? → **über** seinen Freund*

Präpositionen können einen **Ort** angeben.

*Ihr steht **auf** dem Schulhof.*
Wo steht ihr? → *auf **dem** Schulhof* (3. Fall/Dativ)

*Das Auto steht **unter** der Brücke.*
Wo steht das Auto? → *unter **der** Brücke* (3. Fall/Dativ)

*Ich warte **neben** dem Eingang.*
Wo warte ich? → *neben **dem** Eingang* (3. Fall/Dativ)

Präpositionen können eine **Richtung** anzeigen.

*Ihr geht **auf** den Schulhof.*
Wohin geht ihr? → *auf **den** Schulhof* (4. Fall/Akkusativ)

*Das Auto fährt **unter** die Brücke.*
Wohin fährt das Auto? → *unter **die** Brücke* (4. Fall/Akkusativ)

*Ich stelle mich **neben** den Eingang.*
Wohin stelle ich mich? → *neben **den** Eingang* (4. Fall/Akkusativ)

Manchmal werden Präpositionen mit einem Artikel zusammengezogen. Dann ergibt sich ein neues Wort.

*zu dem Kino → **zum** Kino*
*bei dem Bach → **beim** Bach*
*in das Stadion → **ins** Stadion*
*von dem Onkel → **vom** Onkel*
*an dem Tag → **am** Tag*
*um das Haus → **ums** Haus*

Oft wird *ins*, *fürs*, *ans* und *ums* falsch geschrieben. Das *s* kommt fest hinten an die Präposition.

Bindewörter (Konjunktionen) und Adverbien (Umstandswörter)

Bindewörter verbinden Sätze oder Satzteile miteinander. Wichtige Bindewörter sind:

aber | und | denn | oder | dann | ob | bevor

sobald | solange | obwohl | als | wenn | bis

sondern | weil | nachdem | seitdem | dass | da

→ Verbindung von **Satzteilen** mit Bindewörtern:
Oma holte Kartoffeln, Zwiebeln ***und*** *Karotten vom Markt.*
Wir können ins Kino gehen ***oder*** *in den Zoo fahren.*

→ Verbindung von **Sätzen** mit Bindewörtern:
Das Kind liegt im Krankenhaus. Es wurde operiert.
Das Kind liegt im Krankenhaus, ***denn*** *es wurde operiert.*

Adverbien beschreiben Umstände näher.
Es gibt Adverbien

der Zeit: **bald, heute, gestern, immer, nie, jetzt**
Ich werfe ***nie*** *Müll in den Wald.*

der Art: **gern, sehr, vielleicht, sogar, kaum**
Sie schaut ***gern*** *in den Spiegel.*

des Grundes: **darum, deshalb, trotzdem**
Ihr werdet ***trotzdem*** *gewinnen.*

des Ortes: **hier, dort, außen, links, rechts, irgendwo, überall**
Du musst ***links*** *abbiegen!*

Satzarten und Satzzeichen

- Am Satzanfang wird immer **großgeschrieben**.

- Es gibt verschiedene **Satzarten**. Zu jeder Satzart gehört ein bestimmtes **Satzschlusszeichen**. . ? !

  → Mit dem **Aussagesatz** kann man etwas mitteilen, berichten oder erzählen. Aussagesätze enden mit einem Punkt. .
  Ich suche meinen Buntstift.

  → Mit dem **Fragesatz** erfährt man etwas, was man noch nicht weiß. Am Ende des Fragesatzes steht ein Fragezeichen. ?
  Hast du meinen Bleistift genommen?

  → Mit dem **Aufforderungssatz** fordert man jemanden auf, etwas Bestimmtes zu tun. Aufforderungssätze werden mit einem Punkt abgeschlossen. .
  Gib mir bitte meinen Buntstift rüber.

  → Wenn man jemanden nachdrücklich auffordert, nutzt man die **Befehlsform** des Verbs. Am Ende des Aufforderungssatzes steht dann ein Ausrufezeichen. !
  Gib mir sofort meinen Buntstift!

  → Nach einem **Ausrufesatz** steht ein Ausrufezeichen. !
  Oh, mein Buntstift ist abgebrochen!

- Um nähere Einzelheiten zu erfahren, muss man mit einem **Fragewort** beginnen: **wer, wie, wo, was, wann, womit, wohin, wen, wem, warum**
  Wo mag nur mein Buntstift sein?

Aufzählung und Satzverbindung

Sätze können aneinandergereiht oder mit einem Bindewort verbunden werden.

→ Bei einer **Aufzählung** steht zwischen den Wörtern und Wortgruppen ein **Komma**.

Wir kauften Mehl, Milch, Zucker und Butter.
Es sollte Kuchen, Torte oder Kekse geben.
Pia mag Mandeln und Nüsse.

→ Bei einer Verbindung von Sätzen verwendet man **Bindewörter**: **und, oder, denn, aber, wenn, dass, weil, damit**

1. Satz: *Wir backten einen Kuchen.*
2. Satz: *Tante Dagmar wollte zu Besuch kommen.*

Verbindung: *Wir backten einen Kuchen,* **denn** *Tante Dagmar wollte zu Besuch kommen.*

Wörtliche Rede

Mit der **wörtlichen Rede** werden gesprochene oder gedachte Sätze direkt, also im Wortlaut, aufgeschrieben.
Die wörtliche Rede steht in **Anführungszeichen** unten und oben: „…“.

„Ich freue mich sehr über deinen Besuch.“
„Wann kommst du an?“
„Ich hole dich ab!“

Der **Begleitsatz** gibt wieder, wer etwas sagt, erzählt, fragt oder ruft. So kann die wörtliche Rede eindeutig einem Sprecher zugeordnet werden.

Der Begleitsatz kann **vor**, **hinter** und **zwischen** der wörtlichen Rede stehen.

→ Begleitsatz **vor** der wörtlichen Rede:
Adele sagt: „Ich freue mich sehr über deinen Besuch.“

→ Begleitsatz **zwischen** der wörtlichen Rede:
„Ich freue mich sehr“, sagt Adele, „über deinen Besuch.“

→ Begleitsatz **nach** der wörtlichen Rede:
„Ich freue mich sehr über deinen Besuch“, sagt Adele.

Beim nachgestellten Begleitsatz fällt der Punkt in der wörtlichen Rede weg.

Satzglieder und Prädikat (Satzaussage)

Ein Satz besteht aus mehreren **Satzgliedern**. Satzglieder sind Wörter oder Wortgruppen, die im Satz umgestellt werden können, sodass der Sinn des Satzes trotzdem erhalten bleibt.

Luis ärgerte auf dem Schulhof die Mädchen.

Auf dem Schulhof ärgerte Luis die Mädchen.

Die Mädchen ärgerte Luis auf dem Schulhof.

Das **gebeugte Verb (Personalform)** im Satz ist das **Prädikat**. Das Prädikat steht im Aussagesatz an 2. Stelle.

Luis stellt Anna ein Bein.

Er verspottet Helene.

Mit den Fragen **Was tut jemand?** oder **Was geschieht?** findet man das Prädikat.

Luis schubst Karla. **Was tut Luis?** → *er schubst*

Luis neckt Enni. **Was tut Luis?** → *er neckt*

Luis stört Elisa. **Was tut Luis?** → *er stört*

Es gibt **ein- und mehrteilige Prädikate**.

→ einteiliges Prädikat:

Heinrich ***streicht*** *die Wand.*

Jonas ***steigt*** *auf die Leiter.*

Line ***wischt*** *Staub in den Regalen.*

→ mehrteiliges Prädikat:

Paul ***will*** *alles blitzeblank* ***reiben****.*

Alex ***muss*** *viele Bücher* ***schleppen****.*

Line ***soll*** *alles* ***umräumen****.*

Zusammengesetzte Verben werden als Prädikat in zwei Teile zerlegt.

einschalten: *Frau Meier* ***schaltet*** *das Licht* ***ein****.*

hereinkommen: ***Kommt*** *vor dem Gewitter schnell* ***herein****!*

abfahren: *Der Zug* ***fährt*** *pünktlich* ***ab****.*

→ Manchmal werden zusammengesetzte Verben nicht getrennt.

wiederholen: *Theresa* ***wiederholt*** *ihre Frage.*

überholen: *Der Sportwagen* ***überholt*** *den Traktor.*

hinterlassen: *Paula* ***hinterlässt*** *eine Nachricht.*

Subjekt (Satzgegenstand) und Satzkern

Das Satzglied, über das etwas ausgesagt wird, heißt **Subjekt.**
Nach dem Subjekt fragt man mit: **Wer oder was?**
Das Subjekt steht immer im **1. Fall (Nominativ)**.

Man fragt nach Lebewesen – **Wer?**
und nach Dingen – **Was?**

Die Kinder arbeiten am Tisch.

Wer arbeitet am Tisch? → *die Kinder*

Das Projekt startet am Montag.

Was startet am Montag? → *das Projekt*

Subjekt und **Prädikat** bilden den **Satzkern**. Beide müssen in ihrer Verwendung (Person, Einzahl oder Mehrzahl) und in ihrem Sinn zueinander passen.

Die Kinder	arbeiten.	Das Projekt	startet.
Subjekt	Prädikat	Subjekt	Prädikat

Satzergänzungen (Objekte)

Satzergänzungen vervollständigen den Satzkern, denn oft sagt der Satzkern zu wenig aus.

Das Kind hilft.
Das Auto gehört.
Ich begrüße.
Lissy streichelt.

Viele Verben erfordern **eine** oder **mehrere Satzergänzungen**. Das Verb bestimmt, in welchem **Fall** die Ergänzung steht. Die meisten Ergänzungen stehen im 3. Fall (Dativobjekt) oder im 4. Fall (Akkusativobjekt).

Das Kind hilft ***dem Hausmeister****.*
Wem hilft das Kind? → *dem Hausmeister*
Objekt im 3. Fall (Dativobjekt)

Das Auto gehört ***meiner Mutter****.*
Wem gehört das Auto? → *meiner Mutter*
Objekt im 3. Fall (Dativobjekt)

Ich begrüße ***meine Freundin****.*
Wen begrüße ich? → *meine Freundin*
Objekt im 4. Fall (Akkusativobjekt)

Lissy streichelt ***ihr Kaninchen****.*
Wen streichelt Lizzy? → *ihr Kaninchen*
Objekt im 4. Fall (Akkusativobjekt)

Manchmal steht bei der Satzergänzung eine Präposition. Dann spricht man von einem **präpositionalen Objekt**.

*Der Sportler spielte **mit** dem Freund.*
Mit wem spielte der Sportler?
→ *mit dem Freund*

*Mama schaut **nach** der Oma.*
Nach wem schaut Mama?
→ *nach der Oma*

*Alle warten **auf** den Trainer.*
Auf wen warten alle?
→ *auf den Trainer*

*Claudius springt **ohne** den Helm.*
Ohne was springt Claudius?
→ *ohne den Helm*

Die Ergänzungen zum Prädikat erkennt man gut in einem **Satzbauplan**.

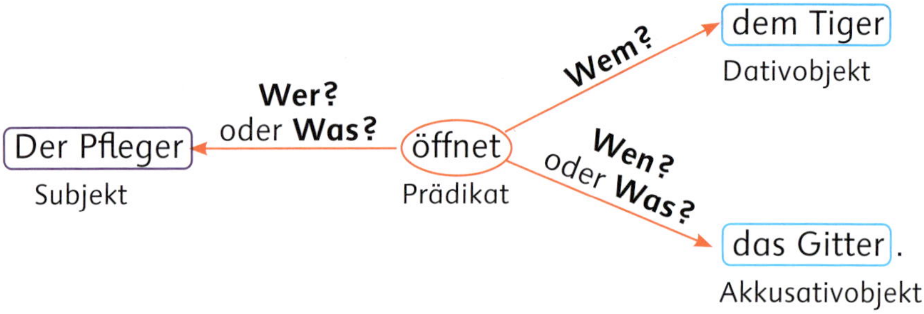

Orts- und Zeitangaben

Orts- und Zeitangaben sind Satzglieder (Satzbausteine). Sie ergänzen Satzkerne.

- **Ortsangaben** geben auf die Fragen **Wo?**, **Wohin?**, **Woher?** eine Antwort.

Wir treffen uns auf dem Spielplatz.
Wo treffen wir uns? → *auf dem Spielplatz* Ortsangabe

Vielleicht gehen wir noch ins Kino.
Wohin gehen wir vielleicht noch? → *ins Kino* Ortsangabe

Emilio kommt aus Spanien.
Woher kommt Emilio? → *aus Spanien* Ortsangabe

- **Zeitangaben** geben auf die Fragen **Wann?**, **Seit wann?**, **Wie lange?** eine Antwort.

Im Sommer ist es mir zu heiß.
Wann ist es mir zu heiß?
→ *im Sommer* Zeitangabe

Seit vier Jahren haben wir das Auto schon.
Seit wann haben wir das Auto schon?
→ *seit vier Jahren* Zeitangabe

Die Zugfahrt dauert drei Stunden.
Wie lange dauert die Zugfahrt?
→ *drei Stunden* Zeitangabe

Weglassprobe

Die **Weglassprobe** gibt an, ob man Satzglieder im Satz weglassen kann. Durch das Weglassen einzelner Satzglieder erhält der Leser immer weniger Informationen.
Der Satz muss jedoch noch sinnvoll sein.

Wer	schenkt	wem	was,	wann	und	wo?
Subjekt	Prädikat	Dativ-objekt	Akkusativ-objekt	Zeit-angabe		Orts-angabe

Papa schenkt Mama einen Schal abends im Restaurant.

Papa schenkt Mama einen Schal abends.

Papa schenkt Mama einen Schal im Restaurant.

Papa schenkt Mama einen Schal.

Papa schenkt Mama .

Papa schenkt.

Umstellprobe

Die **Umstellprobe** gibt an, welche Wörter man im Satz **allein** und welche man nur **zusammen umstellen** kann. Wenn man einen Text schreibt, sollte nicht jeder Satz mit dem Subjekt beginnen.

Der Fischer	fängt	am Morgen	viele Fische	im See.
Subjekt	Prädikat	Zeitangabe	Akkusativ-objekt	Orts-angabe

Am Morgen	fängt	der Fischer	viele Fische	im See.
Zeitangabe	Prädikat	Subjekt	Akkusativ-objekt	Orts-angabe

Viele Fische	fängt	der Fischer	am Morgen	im See.
Akkusativ-objekt	Prädikat	Subjekt	Zeitangabe	Orts-angabe

Im See	fängt	der Fischer	am Morgen	viele Fische.
Orts-angabe	Prädikat	Subjekt	Zeitangabe	Akkusativ-objekt

Soll ein Satzglied besonders betont werden, stellt man es an den Anfang des Satzes.

Kleine Wörter

Kleine Wörter sind die Wörter, die am meisten gebraucht werden. Es ist wichtig, sie sich gut einzuprägen.

A/a
ab
aber
als
also
am
an
auch
auf
aus

B/b
bald
bei
bin
bis
bist

D/d
da
dann
das
dass
dein
dem
den
denn
der
des
dich
die
diese
dir
doch
dort
du
durch

E/e
eine
er
es
etwas
euch
euer, eure

F/f
für

G/g
ganz
gegen

H/h
habe
hat, hatte
her
hier
hin
hinter

I/i
ich
ihm
ihn, ihnen
ihr, ihre
im
immer
in
ins
ist

J/j
ja
jede
jetzt

K/k
kann
keine

M/m
man
mein
mehr
mich
mir
mit

N/n
nach
nein
nicht
nichts
nie
noch
nun
nur

O/o
ob
oder
oft
ohne

S/s
schon
sehr
sein
seit
sich
sie
sind
so

U/u Ü/ü
über
um
und
uns
unser
unten
unter

V/v
viel
vom
von
vor

W/w
wann
war
warum
was
weil
weiter
welcher
wem
wen
wenig
wenn
wer
werden
wie
wieder
wir
wird
wo

Z/z
zu
zum
zur
zusammen

Wörter mit doppeltem Mitlaut

- Die Selbstlaute (Vokale) a, e, i, o, u können lang und kurz gesprochen werden.
  Nach einem kurz gesprochenen Selbstlaut folgen meist zwei Mitlaute (Konsonanten). Das können zwei gleiche Mitlaute sein: **bb, dd, ff, gg, ll, mm, nn, pp, rr, ss, tt**.

- Bei deutlicher Aussprache hört man, dass der erste Mitlaut die Silbe schließt und der zweite Mitlaut am Anfang der nächsten Silbe steht.

Son – ne

wol – len   *die Kan – ne*   *der Af – fe*
sol – len   *die Wan – ne*   *die Waf – fe*
rol – len   *die Tan – ne*   *die Giraf – fe*

- Steht der doppelte Mitlaut am Ende des Wortes, hört man ihn nicht. In diesem Fall hilft die Verlängerungsprobe.

das Blatt → *die Blät – ter*
schnell → *schnel – ler*
die Nuss → *die Nüs – se*

Wörter mit zwei unterschiedlichen Mitlauten

- Nach einem kurz gesprochenen Selbstlaut folgen meist zwei Mitlaute.
Das können auch zwei verschiedene Mitlaute sein.

Wörter mit **ck**: *der Dreck, der Zweck, der Schreck*

Wörter mit **tz**: *der Platz, der Satz, der Schatz*

Wörter mit **lk**: *die Wolke, das Volk, der Balkon*

Wörter mit **nk**: *schenken, denken, der Dank*

Wörter mit **rk**: *der Quark, stark, der Park*

Wörter mit **lz**: *der Pilz, der Filz, das Salz*

Wörter mit **nz**: *der Tanz, der Kranz, die Pflanze*

Wörter mit **rz**: *das Herz, der Schmerz, die Wurzel*

Wörter mit langem i-Laut

- Die meisten Wörter mit einem langen i-Laut werden mit **ie** geschrieben. Es gibt aber auch Wörter mit **ih** und **ieh**.

→ Wörter mit **ie** in der Wortmitte:
*die D**ie**be, l**ie**fen, s**ie**ben, die W**ie**se, das Sp**ie**l, die Fl**ie**ge, v**ie**l, der St**ie**r, die L**ie**ge, der Kr**ie**g, der S**ie**g, die G**ie**ßkanne*

→ Wörter mit **ie** am Wortende:
*w**ie**, die Melod**ie**, die Chem**ie**, das Kn**ie**, s**ie**, n**ie**, der Seller**ie***

→ Wörter mit der Endung **-ieren**:
*buchstab**ieren**, add**ieren**, fotograf**ieren**, prob**ieren**, galopp**ieren***

→ Wörter mit **ih**:
***ih**m, **ih**n, **ih**nen, **ih**r, **ih**rer, **ih**res, **ih**re*

→ Wörter mit **ieh**:
*z**ieh**en, fl**ieh**en, das V**ieh**, es gesch**ieh**t, er st**ieh**lt*

- Viele Verben schreibt man in der Vergangenheitsform mit **ie**:

*schl**ie**fen, bl**ie**ben, sch**ie**nen, schr**ie**ben, r**ie**fen, l**ie**fen*

- Wörter mit langem i-Laut kann man verwechseln:

*das L**ie**d singen – das L**i**d des Auges*
*keine M**ie**ne verziehen – die M**i**ne im Kugelschreiber*
*der St**ie**l des Besens – der St**i**l in der Mode*

Wörter mit h nach langem Selbstlaut (Vokal)

- Oft steht nach einem langen Selbstlaut ein **h**. Man kann es nicht immer hören.

der Fehler, erzählen, die Bahn, ohne, früh, nehmen
das Ohr, kühl, die Uhr, der Verkehr, fröhlich, wehen
die Mühle, stehlen, gefährlich, der Lohn, der Lehrer

- In einer Wortfamilie bleibt das **h** in allen Wörtern erhalten.

fahren	fühlen	zählen
der Fahrer	das Gefühl	die Zahl
verfahren	befühlen	zahlreich
das Fahrrad	feinfühlig	verzählen

- Es gibt Wörter, in denen man das **h** hört, wenn man das Wort trennt:

*dre – **h**en   zie – **h**en   die Re – **h**e   se – **h**en   die Hö – **h**e*

- Es gibt Wörter mit und ohne **h**, die ganz ähnlich klingen und verwechselt werden können:

dieses Mal nicht – Das Mahl war köstlich.
der Wal im Meer – die Wahl der Klassensprecher
ich war gestern – Das ist nicht wahr.
ein Bild malen – Getreide mahlen

Wörter mit doppeltem Selbstlaut (Vokal)

Es gibt wenige Wörter mit **aa, ee, oo**.
Diese Wörter muss man lernen.

→ Wörter mit **aa**

das Haar, das Paar, der Saal, ein Aal, paar, die Saat, die Waage, der Staat

→ Wörter mit **ee**

der See, die Beere, das Meer, der Schnee, der Kaffee, der Tee, das Beet, der Teer, der Klee, leer, die Idee, die Fee, der Speer

→ Wörter mit **oo**

das Boot, das Moor, das Moos, der Zoo

Wörter mit äu, eu, ä und ai

- Ein Wort wird mit **Ä/ä** geschrieben, wenn es ein verwandtes Wort mit **A/a** gibt.

die Bälle – der Ball
die Wärme – warm
nähen – die Naht
das Drähtchen – der Draht
das Hämmerchen – der Hammer

Einige Wörter muss man sich merken, weil sie keine Verwandten mit a haben: *das Mädchen, der Bär, der Lärm, der März, sägen, dämmern, das Geländer, die Ähre*.

- Man schreibt ein **äu**, wenn es ein verwandtes Wort mit **au** gibt.

räuchern	*die Verkäuferin*	*der Läufer*
der Rauch	*verkaufen*	*laufen*
rauchen	*der Verkauf*	*der Lauf*

Bis auf wenige Ausnahmen schreibt man alle anderen Fälle mit **eu**:
die Leute, heute, die Beute

- Wörter mit den Lauten **ai** oder **ei** klingen gleich. Nur wenige Wörter werden mit **ai** geschrieben. Diese muss man sich merken.

der Kaiser, der Hai, der Mai

Wörter mit St/st, Sp/sp, ng, nk und Pf/pf

- Wörter mit **St/st** und **Sp/sp**
  Am Anfang eines Wortes oder einer Silbe schreibt man **st** oder **sp**, aber man spricht „scht" oder „schp".

  Wörter mit **st**: *der Storch, still, stolpern*

  Wörter mit **sp**: *spielen, der Spatz, spaßig*

- Wörter mit **ng** und **nk**
  Um zu prüfen, ob ein Wort am Ende mit **ng** oder mit **nk** geschrieben wird, kann man es verlängern.

  der Ring – die Ringe
  der Häuptling – die Häuptlinge
  jung – die jungen Hunde
  es hängt – hängen
  krank – das Krankenhaus
  das Geschenk – die Geschenke
  flink – flinker
  er trinkt – trinken

- Wörter mit **Pf/pf**
  Viele Wörter fangen mit **F/f** an, aber manche auch mit **Pf/pf**. Diese muss man sich gut merken, weil das **pf** häufig nur als **f** gesprochen wird.

  die Pfanne, der Pfeil, pflanzen, der Pfeffer, pfiffig, das Pflaster, pfui

- Bei allen Wörtern mit **st, sp, pf, ng** und **nk** in der Wortmitte wird so getrennt:
  der Kas – ten *die Knos – pe* *rup – fen*
  der Hun – ger *dun – kel*

Wörter mit ks-Laut

Wörter mit einem ks-Laut können ganz unterschiedlich geschrieben werden. Für den ks-Laut gibt es folgende Schreibweisen: **X/x, chs, ks, cks** und **gs**.
Die Schreibung dieser Wörter muss man sich merken.

→ Wörter mit **X/x**:
das Xylophon, die Nixe, explodieren, der Text, der Boxer, extra, verflixt

→ Wörter mit **chs**:
die Büchse, wachsen, der Dachs, sechs, der Fuchs, drechseln, wechseln

→ Wörter mit **ks**:
links, der Keks, piksen, der Murks

→ Wörter mit **cks**:
der Klecks, der Knacks, klecksen, knacksen, der Knicks, knicksen

→ Wörter mit **gs**:
mittags, flugs, unterwegs

Wörter mit Ch/ch und Qu/qu am Anfang

Wörter mit den Anfangsbuchstaben **Ch/ch** werden unterschiedlich ausgesprochen.

→ **Ch/ch** wird als **k** ausgesprochen:
das Chaos, der Charakter, der Chor, Chemnitz, der Christbaum

→ **Ch/ch** wird als **sch** ausgesprochen:
der Chef, der Champignon, chic, der Chauffeur, die Chance, chauffieren

→ **Ch/ch** wird als **ch** ausgesprochen:
die Chemie, Chile, der Chirurg, China

Wörter mit dem Laut **kw** werden mit **Qu/qu** geschrieben.

das Quadrat	*quetschen*	*quitt*
der Quark	*quietschen*	*quirlig*
das Aquarium	*quengeln*	*bequem*

Wörter mit s und t

- Ein Wort wird dann mit **s** geschrieben, wenn der s-Laut **stimmhaft** ist. Diese Wörter enthalten auch nach einem langen Selbstlaut kein **h**.

Nase – Hase – Blase – Käse – Bluse – böse – rasen – lesen – Vase – diese – gewesen

→ Ob ein s am Ende des Wortes stimmhaft ist, hört man nicht gut. Dies kann man über die Bildung der Mehrzahl (Verlängerung) herausbekommen:

das Gras – die Gräser *das Los – die Lose*
das Glas – die Gläser *die Laus – die Läuse*

- Wenn ein Wort mit **t/T** beginnt, enthält es kein **h** nach langem Selbstlaut:

Tal, Tür, Träne, Ton, trödeln, Tor, Tüte

- Ob ein Wort mit **t** am Ende geschrieben wird, erfährt man über die Verlängerung:

*rot – die ro**te** Ampel* *laut – die lau**te** Musik* *alt – der al**te** Baum*

- Hunderterzahlen werden am Ende mit **t** geschrieben.

einhundert, fünfhundert, neunhundert

Wörter mit V/v und ß

Wörter mit **V/v**

→ Die meisten Wörter mit einem F-Laut am Anfang werden mit **F/f** geschrieben. Nur für wenige Wörter benutzt man ein **V/v**.
der Vater, das Veilchen, der Vogel, voll, viel, vom, von, vier, das Volk, vorn, vielleicht, die Vase

→ Wörter mit den Wortbausteinen **ver-** und **vor-** werden immer mit **V/v** geschrieben.
der Verkehr, verlieren, die Vorsicht, verbieten, vorbei, vorläufig

→ Bei Fremdwörtern spricht man das **V/v** oft als W-Laut aus:
der Vampir, die Olive, privat, der Vulkan, das Klavier

Wörter mit **ß**

Ein **ß** folgt niemals nach einem kurzen Selbstlaut.
Nach einem langen Selbstlaut schreibt man dann ein **ß**, wenn es sich um ein gezischtes, stimmloses **s** handelt:

der Gruß, wir aßen, bloß, sie ließ, außen

fressen: er frisst, sie fraß

gießen: es goss, die Gießkanne

Der Wortstamm

Zu einer **Wortfamilie** gehören alle Wörter mit dem gleichen **Wortstamm**. Der Wortstamm ist leicht zu erkennen.

Schwache Verben (Tätigkeitswörter) verändern ihren Wortstamm nicht.

lesen	gehen	spielen
der Leser	der Gehweg	das Brettspiel
lesbar	aufgehen	der Spielplatz
unleserlich	begehbar	verspielt

Bei starken Verben kommt es innerhalb der Wortfamilie zu Veränderungen im Wortstamm. Meist verändern sich die Selbstlaute (Vokale).

backen	trinken	laufen
der Bäcker	das Getränk	der Lauf
der Backofen	getrunken	der Läufer
das Gebäck	er trank	es lief

Es gibt größere und kleinere Wortfamilien. Sie können mit Verben, Substantiven/Nomen und mit Adjektiven gebildet werden.

Strategie Ableiten

Die meisten Wörter, die mit **ä** geschrieben werden, lassen sich von verwandten Wörtern mit **a** ableiten.
Die meisten Wörter, die mit **äu** geschrieben werden, lassen sich von verwandten Wörtern mit **au** ableiten.

→ Die Mehrzahlform der meisten Substantive/Nomen lässt sich aus der Einzahlform ableiten.

ä: *die Wände – die Wand,*
die Wälder – der Wald,
die Bänder – das Band

äu: *die Häuser – das Haus,*
die Zäune – der Zaun,
die Mäuse – die Maus

→ Viele Verbformen lassen sich von der Grundform/Nennform ableiten.

ä: *es fängt – fangen, er hält – halten*
äu: *er läuft – laufen, es säuft – saufen, sie säugt – saugen*

→ Steht ein Adjektiv in einer Vergleichsstufe, so lässt es sich von der Grundstufe ableiten.

älter – alt, kälter – kalt, wärmer – warm

→ Manchmal hilft ein anderes Wort aus der Wortfamilie.

ä: *die Kälte – kalt, das Rätsel – raten*
äu: *schäumen – der Schaum, säubern – sauber, bläulich – blau*

Strategie Verlängern

Am Wortende klingt **b** wie p, **d** wie t und **g** wie k. Die **Wortverlängerung** hilft, die richtige Schreibweise zu finden.

→ Substantive/Nomen werden durch die Bildung der **Mehrzahl** verlängert.
der Korb – die Körbe *der Abend – die Abende*
die Burg – die Burgen

→ Bei Verben kann als Verlängerung die **Wir-Form** gebildet werden.
er gab – wir geben *sie band – wir banden*
er flog – wir flogen

→ Adjektive verlängert man, indem man die **Mehrstufe** bildet.
trüb – trüber *fremd – fremder* *klug – klüger*

→ Adjektive kann man auch verlängern, indem man ein **Substantiv/Nomen** hinzufügt.
rund – der runde Tisch
gelb – der gelbe Hut
lustig – der lustige Witz

→ Bei zusammengesetzten Substantiven/Nomen wird nur das Wort mit dem schwierigen Buchstaben verlängert.
der Raubüberfall: der Raub – die Räuber
der Handschuh: die Hand – die Hände
die Wegbeschreibung: der Weg – die Wege

Silbentrennung

Wörter können getrennt werden, wenn sie nicht mehr in die Zeile passen. Die Trennung erfolgt **zwischen den Silben**. In jeder Silbe muss ein Selbstlaut, ein Umlaut oder ein Zwielaut sein.

ler – nen *der Kä – fer* *die Bei – ne*

→ Wörter werden nach Sprechsilben getrennt.

der Schwim – mer *die Mün – ze* *mu – tig* *haut – nah*

→ Die Buchstabenverbindungen **ck, ch** und **sch** werden nicht getrennt.

ck	ch	sch
pa – cken	*die Bü – cher*	*die Ta – sche*
die Lo – cke	*rie – chen*	*ha – schen*
rück – wärts	*ste – chend*	*bu – schig*

→ Ein einzelner Selbstlaut wird nicht vom restlichen Wort getrennt.

der Opa *das Ufer* *ein Igel – ba – by* *die Amei – se*

→ **tz** und **st** werden bei der Silbentrennung getrennt.

die Kis – te *krat – zen* *put – zig*

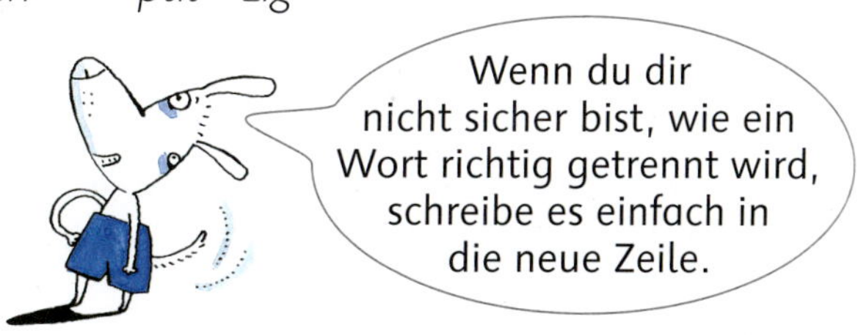

Schreibung von Fremdwörtern

- Es gibt viele Wörter, die aus anderen Sprachen übernommen wurden. Diese Wörter nennt man **Fremdwörter**.
Man schreibt sie meist anders, als sie gesprochen werden.

Fremdwörter kann man an ihren Endungen erkennen.

-ine: *die Maschine, die Mandarine, die Vitrine*
-il: *das Ventil, das Profil, mobil*
-iv: *aktiv, positiv, explosiv*
-tion: *die Operation, die Sensation, die Addition*
-age: *die Blamage, die Massage, die Garage* (gesprochen am Ende: -asche)

- Die Endungen **-as, -is, -us** und **-mus** schreibt man mit **s**.
Bei Fremdwörtern gibt es kein ß.

Atlas, Basis, Virus, Krokus, Organismus

- Viele Fremdwörter haben typische Vorsilben.

Anti-	*Antibiotikum*	**De-**	*Definition*	**Ex-**	*Exemplar*
Im-	*importieren*	**Prä-**	*Präsentation*	**Sub-**	*Subtraktion*

Fremdwörter aus der englischen Sprache:
der Fan, das Baby, cool, die Jeans, die Show, der Computer

Fremdwörter aus der italienischen Sprache:
die Pizza, die Spaghetti, die Girlande, der Kompass

Fremdwörter aus der französischen Sprache:
das Restaurant, der Balkon, das Parfüm, das Trikot

Die Wortbedeutung

Manche Wörter klingen gleich, werden aber unterschiedlich geschrieben. Um sich für die richtige Schreibung zu entscheiden, muss man wissen, was die Wörter **bedeuten**.

einen Brief vom ***Boten*** *erhalten – mit den* ***Booten*** *segeln*

Bären *in der Höhle –* ***Beeren*** *am Strauch*

bis *morgen – der* ***Biss*** *in den Apfel*

sie ***küsste*** *– an der* ***Küste*** *des Meeres*

der Apfel ***fiel*** *vom Baum –* ***viel*** *Spaß*

fast *geschafft – ihr* ***fasst*** *euch an*

Es ***ist*** *schön. – Er* ***isst*** *seine Nudeln.*

Bald *ist es so weit. – Er* ***ballt*** *die Fäuste.*

Viele Dinge haben zwei ***Seiten****. – Eine Geige hat vier* ***Saiten****.*

Mit dem Wörterbuch arbeiten

- Wenn man wissen will, wie ein schwieriges Wort geschrieben wird, kann man es in einem **Wörterbuch nachschlagen**.
  Alle Wörter im Wörterbuch sind nach dem Alphabet geordnet.

So bis **Spr**

der **Sonnabend**, die Sonnabende
die **Sonne**, die Sonnen
der **Sonntag**, die Sonntage
sonst: sonst nichts
die **Spagetti**
sparen, sie spart
der **Spaß**, die Späße
spät: am späten Abend
der **Spaziergang**, die Spaziergänge
sperren, er sperrt
der **Spiegel**, die Spiegel
das **Spiel**, die Spiele
spielen, sie spielt
die **Spinne**, die Spinnen
spitz: spitze Steine
spitzen, er spitzt
der **Sport**
sie **sprach** ↗ sprechen
die **Sprache**, die Sprachen
er **sprang** ↗ springen
sprechen, ich spreche, sie spricht, sie sprach
sie **spricht** ↗ sprechen

65

Spr bis **Sto**

springen, er springt, er sprang
die **Stadt**, die Städte
der **Stall**, die Ställe
der **Stamm**, die Stämme
er **stand** ↗ stehen
die **Stange**, die Stangen
der **Stängel**, die Stängel
stark, stärker: ein starker Regen
stecken, sie steckt
der **Stecker**, die Stecker
stehen, er steht, er stand
steigen, sie steigt, sie stieg
der **Stein**, die Steine
stellen, er stellt
der **Stern**, die Sterne
der **Stiefel**, die Stiefel
sie **stieg** ↗ steigen
sie **stieß** ↗ stoßen
der **Stift**, die Stifte
still: ein stiller Ort
die **Stille**
die **Stimme**, die Stimmen
die **Stirn**, die Stirnen
der **Stock**, die Stöcke
der **Stoff**, die Stoffe

A B C D E F G H I J K L M N O P Q R **S** T U V W X Y Z

Oben und am Rand jeder Seite stehen die Anfangsbuchstaben.

Die fett gedruckten Wörter heißen Hauptstichwörter.

Verben stehen in der Grundform.

Substantive/Nomen stehen in der Einzahl.

Adjektive stehen in der Grundstufe.

Die Wörter sind in Spalten angeordnet.

Nachschlagen üben

Alle Wörter sind im Wörterbuch alphabetisch geordnet. Zuerst sucht man in der Randleiste nach dem Anfangsbuchstaben. Danach sucht man nach dem zweiten Buchstaben.

der Bart	*das Brot*	*bunt*
a kommt vor **r**		**u** kommt nach **r**

Sind die zwei ersten Buchstaben gleich, wird nach dem dritten Buchstaben geordnet usw.

→ Hat ein Wort einen Umlaut **(ä, ö, ü)**, wird es genauso eingeordnet, als würde es mit **a**, **o** oder **u** geschrieben.

die Bank	*der Tunnel*	*das Konfetti*
der Bär	*die Tür*	*der König*
basteln	*der Turban*	*die Konserve*

→ Bei zusammengesetzten Wörtern sucht man jedes Wort einzeln:

der Autoreifen → *das Auto*, *der Reifen*

der Schulchor → *die Schule*, *der Chor*

→ Manche Wörter stehen als **Nebenstichwort** bei einem verwandten **Hauptstichwort** (dick gedruckt).
Fruchtbarkeit – unter *Frucht* nachschlagen
kratzig – unter *kratzen* nachschlagen

Merkzettel

- Wenn man nichts vergessen will, schreibt man sich einen Merkzettel, z. B. für den Einkauf, zur Vorbereitung eines Festes oder als Reisevorbereitung.

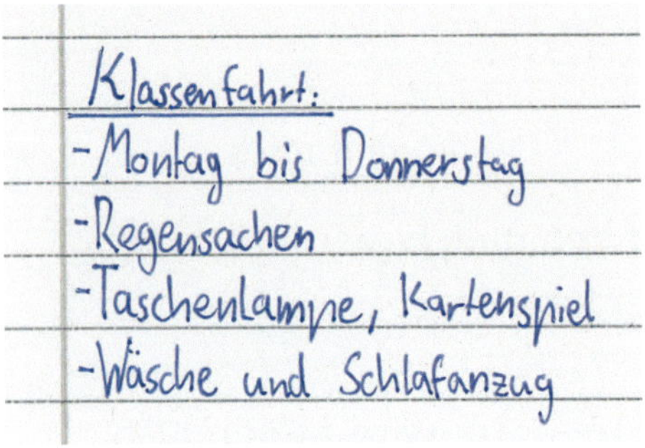
Klassenfahrt:
- Montag bis Donnerstag
- Regensachen
- Taschenlampe, Kartenspiel
- Wäsche und Schlafanzug

- Für einen Merkzettel benutzt man **Stichpunkte**. Stichpunkte sind Wörter oder Wortgruppen, die nur die wichtigsten Informationen enthalten. Sie werden mit Gedankenstrichen untereinander geschrieben.

Herbstprojekt Klasse 3 b

Wann?	*- im September*
Wo?	*- in der Schule und im Schmiedewald*
Plakate	*- groß, Aushang durch Klasse 3 b*
Ideen	*- Wissenskarten zum Thema Herbst*
	- Bäume im Herbst
	- Windstärken bestimmen
	- Walderkundung mit der Försterin
	- Blättercollagen
	- Pilzbestimmung
	- Apfelmus kochen

Einladung

- Eine schriftliche Einladung soll über ein Ereignis (z. B. eine Feier oder Veranstaltung) informieren. Durch die Form und die Gestaltung der Einladung soll Interesse geweckt werden.

Eine Einladung informiert über folgende Punkte:
- Was findet statt? (Anlass)
- Wer lädt ein? (Gastgeberin oder Gastgeber)
- Wann findet das Ereignis statt? (Zeitpunkt)
- Wo? (Ort)
- Wie lange wird es dauern? (Dauer)

- Eine Einladung kann mit Stichpunkten oder in Sätzen gestaltet werden.

Einladung zur Geburtstagsparty	Was?
Tag: am 13. Februar	Wann?
Zeit: 15 Uhr	
Ort: Mauswieselweg 11	Wo?
Kommst du?	
Gruß Paul	Wer?

Liebe Anna,
am 13. Februar um 15 Uhr feiere ich meinen Geburtstag.
Dazu möchte ich dich herzlich einladen.
Bitte komm zu mir in den Mauswieselweg 11.
Deine Eltern können dich 19 Uhr wieder abholen.

Ich freue mich auf dich!

Paul

Postkarte, Brief, E-Mail

- Eine **Postkarte** verschickt man meist aus dem Urlaub. Sie enthält nur einen kurzen Text.

Einen **Brief** schreibt man, um jemandem etwas ausführlicher mitzuteilen.

- Die Anredepronomen **du, deiner, dir, dich, ihr, euer, euch** kann man kleinschreiben. Die Anredepronomen **Sie, Ihrer, Ihnen, Ihr, Ihre** werden immer großgeschrieben.

- Eine **E-Mail** ist eine elektronische Mitteilung, die über das **Internet** verschickt wird. Die **E-Mail-Adresse** des Empfängers muss ganz genau eingegeben werden. In einer E-Mail sollte ein **Betreff** eingegeben werden. So kann der Empfänger schnell sehen, worum es geht.

Von: Jesper.Niendorf@example.net

An: Fritz.Niendorf@example.net

Betreff: Training

Hallo Opa,
am Montag findet unser nächstes öffentliches Fußballtraining statt.
Ich würde mich sehr freuen, wenn du kommst.
Schöne Grüße Jesper

Glückwunsch, Dank, Entschuldigung

Glückwünsche übermittelt man zu einem freudigen **Anlass**, z. B. zum Geburtstag oder zu Feiertagen.

In einem Glückwunschtext sollten der Anlass zur Gratulation und **gute Wünsche** enthalten sein.

Liebe Oma,
herzlichen Glückwunsch zum Geburtstag.
Bleib noch lang gesund und munter!
Dein Finn

Liebe Tante Sarah,
ich freue mich sehr über die Geburt meiner kleinen Cousine. Josefine ist sehr niedlich. Ich freue mich schon, wenn ich mit ihr spielen kann.
Deine Laura

Dank

Für Geschenke oder Glückwünsche kann man sich mündlich oder schriftlich bedanken. Wer sich bedankt, zeigt, dass er sich gefreut hat.

Hi Sofie, ich freue mich über das Buch. Danke! Ben

Entschuldigung

Wenn man einen Fehler gemacht hat, sollte man sich entschuldigen. Auch das geht mündlich oder schriftlich. Formulierungen wie diese können dabei hilfreich sein:

Es tut mir leid, dass ich …
Für mein Verhalten möchte ich mich entschuldigen.
Ich bitte dich um Verzeihung. Als kleine Wiedergutmachung möchte ich dir … anbieten.

Plakat

- Wenn man viele Menschen erreichen will, kann man ein Plakat gestalten.
Ein Plakat soll neugierig machen und muss gut lesbar sein.
Man schreibt große Buchstaben und nur wenige Zeilen.

- Plakate eignen sich auch gut für Vorträge vor der Klasse. Damit kann man sich das Gesagte besser merken.

Fragen, bitten und auffordern

- Wenn Menschen miteinander reden, ist es wichtig, höflich miteinander umzugehen. Das bedeutet, man schenkt dem Gesprächspartner Aufmerksamkeit und wählt passende Formulierungen. Ein freundliches Gesicht und ein netter Ton unterstützen dabei.

- Höfliches **Fragen** kann man so einleiten:

- **Bitten** können mit allen Satzarten ausgedrückt werden.
  → Fragesatz: *„Kannst du mir **bitte** die Bücher vorbeibringen?“*
  → Aufforderungssatz mit Befehlsform: *„Bringe mir **bitte** die Bücher vorbei!“*
  → Aussagesatz: *„Ich möchte gern meine Bücher wiederhaben.“*

- Beim **Auffordern** verwendet man
  → die Befehlsform: *„Bring mir **bitte** meine Bücher zurück!“*
  → einen Aufforderungssatz mit den Verben **sollen, müssen, dürfen, können**: *„Du musst mir **bitte** meine Bücher zurückbringen.“*

Diskutieren und sich einigen

- Manchmal muss man gemeinsame Entscheidungen treffen, obwohl nicht alle einer Meinung sind.
  In einer Diskussion ist es wichtig,
  - gut zuzuhören und die anderen ausreden zu lassen,
  - freundlich zu bleiben,
  - bei Unklarheiten nachzufragen,
  - alle Vorschläge ernsthaft zu behandeln.

- So formuliert man eine eigene Meinung:
  Ich finde, dass ...
  Meiner Meinung nach ...
  Ich denke das, weil ... (begründen)

- Wichtig ist es, auf andere Meinungen einzugehen. Jedes Kind hat das Recht auf seine Meinung. Man kann zustimmen oder anderer Meinung sein.
  Ich stimme ________ zu, weil ... *Meiner Meinung nach ...*
  Ich habe eine andere Meinung als ________, weil ...
  Das sehe ich anders, weil ...

- Auch für das Ende einer Diskussion gibt es treffende Formulierungen, um das Ergebnis zusammenzufassen:
  Also halten wir fest: ...
  Wir könnten uns in der Mitte treffen, indem ...
  Was haltet ihr davon, wenn wir abschließend ....

Erzählen: Merkmale

- Die Erlebniserzählung ist ein Aufsatz, in dem spannend und lebendig von **erfundenen oder tatsächlichen Erlebnissen** erzählt wird. Das können zum Beispiel Erlebnisse mit Tieren, ein besonderes Erlebnis aus den Ferien oder besondere Vorfälle in der Schule sein.

- Geschrieben wird im **Präteritum** (Vergangenheit).
Vor einer Woche ***planten*** *wir unser Klassenfest.* *Wir* ***überlegten*** *...*

- Von Erlebnissen erzählt man in der **Ich-Form,** der **Er-Form** oder in der **Wir-Form**.

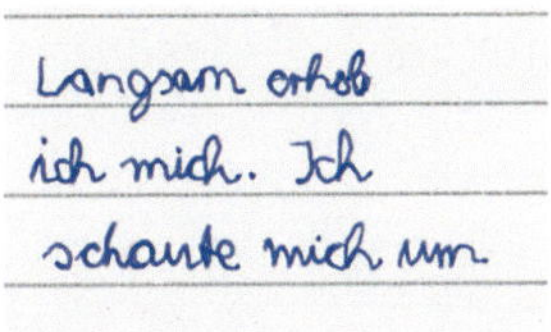

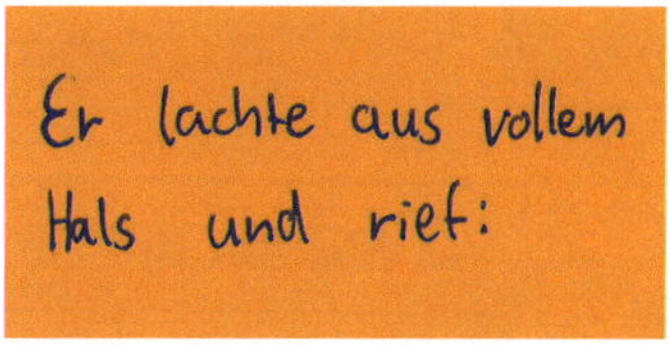

- Um die Erzählung lebendig zu gestalten, hilft die **wörtliche Rede**. Das ist spannender und man kann sich alles besser vorstellen.
Ich schrie: „Nein! Lass ihn sofort los!" Doch Leon brüllte zurück: „...!"

- **Ausdrucksstarke Verben** und **treffende Adjektive** machen eine Erlebniserzählung anschaulicher, z. B. schleichen, humpeln, zischen, geheimnisvoll, witzig, wunderschön.
Kraftvoll trampelte ein riesengroßer dicker Mann auf uns zu.

  Wörter wie **plötzlich, dann** und **auf einmal** geben einer Erlebniserzählung besondere Spannung.
  Doch ***plötzlich*** *herrschte Stille. Absolute Stille!*

Eine Geschichte planen

- Will man eine Geschichte schreiben, sollte man sich vorher die einzelnen Erzählschritte genau überlegen. Stichpunkte helfen, die Ideen für die Geschichte oder die Erzählung zu finden und zu ordnen.

① **Worüber** will ich schreiben? *über meinen Geburtstag*

② **Wie** soll die Geschichte sein? *spannend*

③ **Wer** kommt in der Geschichte vor? *meine Geburtstagsgäste*

④ **Wo** soll die Geschichte spielen? *im Naturkunde-Museum*

⑤ **Wann** soll die Geschichte spielen? *abends*

⑥ **Was** passiert? *Schreck vor einem großen Dino*

⑦ **Wie** geht es weiter? *Ausgrabung*

⑧ **Wie** endet die Geschichte? *kleines Geschenk*

- Der Leser muss am Anfang einer Geschichte die Informationen bekommen, worum es geht (wann – wo – wer – was – warum). Dann wird das Geschehen beschrieben. Wenn alle Teile der Geschichte gut verknüpft sind und immer beim Thema bleiben, nennt man das **roten Faden**.

Eine Geschichte schreiben

- Meist stehen Geschichten im **Präteritum** (Vergangenheit). An besonderen Stellen kann das **Präsens** (Gegenwart) verwendet werden.

- Eine Erzählung hat mehrere Teile.

Geburtstagsparty mit Dinosauriern	**Überschrift** soll neugierig machen
Meinen Geburtstag feierte ich im Museum für Naturkunde. Eingeladen hatte ich Klara, Linus, Charlotte, Felix und Theo. Die Feier fand abends statt. Noch nie war ich so spät in einem Museum gewesen.	**Einleitung** führt zum Geschehen hin
Wir liefen durch eine dunkle große Halle und erschraken: Direkt vor uns stand ein Dinosaurier! Es war ein Riesenskelett, das bis zur Decke reicht. 13 Meter ist es hoch! Ganz aufgeregt schleichen wir daran vorbei in den Ausgrabungsraum. Dort gibt es ein großes Becken mit Sand. Wir gruben mit Fingern und kleinen Schaufeln und waren gespannt, was wir finden. Charlotte rief: „Jippie! Ich hab was!“ Sie hatte einen großen Knochen ausgebuddelt. Ich fand sogar zwei. Die Knochen durften wir aber nicht mitnehmen.	**Hauptteil** führt zum Höhepunkt, der Stelle, die am spannendsten ist
Zum Schluss bekamen alle einen kleinen versteinerten Käfer.	**Schluss** kann ausklingen mit – einem guten Ende – einer offenen Frage – neuen Gedanken

- In einer Geschichte sollte man:
  - abwechslungsreiche Satzanfänge formulieren,
  - Gedanken und Gefühle ausdrücken und
  - Geräusche, Gerüche und Farben beschreiben.

Fantasiegeschichte

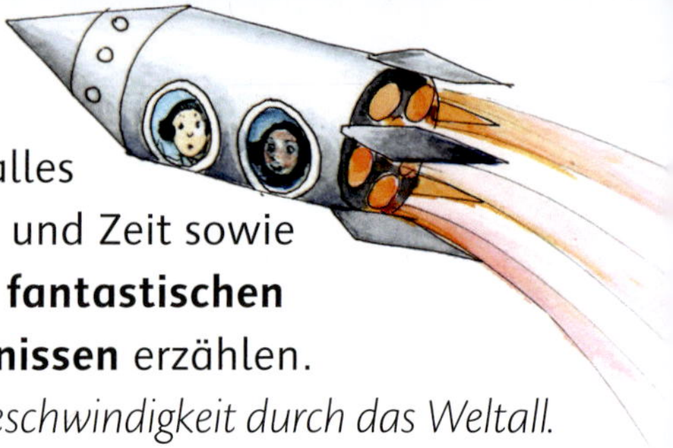

- In einer Fantasiegeschichte ist alles **frei erfunden**: Lebewesen, Orte und Zeit sowie das, was passiert. Sie kann von **fantastischen** und **unwahrscheinlichen Ereignissen** erzählen.
  Ich sauste mit atemberaubender Geschwindigkeit durch das Weltall. Weit vor mir konnte ich schon das Ziel erahnen. Der Planet Irenimos strahlte in leuchtendem Blau und funkelte herrlich.

- Wer eine Fantasiegeschichte schreiben möchte, muss sich vorstellen können, dass
  – Menschen in einer anderen Zeit leben,
  – Gegenstände oder Tiere sprechen,
  – man in einer utopischen, andersartigen Welt landet,
  – Menschen zaubern oder fliegen können.

- Für eine Fantasiegeschichte werden fantastische Wörter gebraucht. Die Verben und Adjektive müssen anschaulich sein und das Geschehen ausschmücken. So kann sich der Leser die Handlung gut vorstellen.
  Ganz langsam und behutsam ließ ich mich auf die schillernde Oberfläche des Planeten Irenimos sinken. Der Boden fühlte sich watteweich an und roch nach köstlichem Himbeereis.

  → Zusammengesetzte Substantive/Nomen und Adjektive helfen bei der treffenden Beschreibung.
  eine Quatschgeschichte, die Gänsehaut, der Freudentaumel, kohlrabenschwarz, giftgrün, stahlhart, eiskalt

Nacherzählen, neu erzählen und weitererzählen

- Beim Nacherzählen geht es darum, eine Geschichte oder ein Märchen kurz, aber vollständig nachzuerzählen. Die Handlung wird nicht verändert, sondern zusammengefasst. So geht man vor:

  1. Geschichte oder Märchen noch einmal genau lesen
  2. herausfinden, was zur Einleitung, zum Hauptteil und zum Schluss gehört
  3. Inhalte von Einleitung, Hauptteil und Schluss kurz zusammenfassen
  4. Geschichte oder Märchen mit eigenen Worten formulieren und auf das Präteritum (Vergangenheit) achten

- Manchmal werden Geschichten oder Märchen **neu erzählt**. Dabei muss man die Geschichte oder das Märchen aber immer **wiedererkennen**.

  Der Gauner im Schneesturm

  Es lebten einmal sieben kleine Kinder mit ihrer Mutter mitten in der Stadt. Die Mutter musste zum Supermarkt und sagte: „Lasst niemanden herein!" Plötzlich klingelte es an der Tür und eine raue Stimme rief ...

- Bei einer **Fortsetzungsgeschichte** ist der Anfang schon vorgegeben. Der Inhalt muss genau zum Anfang passen und die Zeitform muss in beiden Teilen übereinstimmen. Man kann den Anfang einer Geschichte fortsetzen, aber auch den Anfang einer Bildgeschichte.

Bildgeschichte

- Bei einer Bildgeschichte wird aus einer Bilderfolge eine **zusammenhängende Erzählung.** Auf den Bildern müssen die wichtigsten Handlungsschritte abgebildet sein.
Die Geschichte soll so erzählt werden, dass auch ein Leser, der die Bilder nicht sieht, sich die Handlung gut vorstellen kann.

- Erzählt werden kann im Präteritum (Vergangenheit) oder im Präsens (Gegenwart).

In einer Bildgeschichte wird jedes einzelne Bild beschrieben. Es muss auch erzählt werden, was **vor, zwischen und nach** den Bildern passiert.

- **Was** passiert auf den Bildern?
- **Wann** geschieht es?
- **Wer** ist beteiligt?
- **Wie** endet die Geschichte? Was passiert zum Schluss?

Lebendig gestalten kann man eine Bildgeschichte, indem man

- den Personen oder Dingen Namen gibt,
- Gedanken der Personen beschreibt,
- gesprochenen Text in wörtlicher Rede wiedergibt.

Der Affe Jo stapft durch den tiefen Schnee, entlang an lauter verschneiten Bäumen. Immer mehr Schnee fällt vom Himmel. An seinen Füßen bleibt immer etwas Schnee kleben. Das ist ganz schön kalt an den Fußsohlen.
Es wird immer mehr Schnee unter dem Fuß. Dadurch wird Jo immer größer.
Unterwegs trifft er seine Freundin, die Giraffe Tally.
„Hallo Tally“, ruft er. Sie wundert sich sehr, denn Jo ist nun genauso hoch wie sie. Wie kommt das?

Besonders lustig oder spannend kann es sein, die Geschichten verschiedener Kinder zu derselben Bildgeschichte zu vergleichen.

Gedicht

- Das Besondere an einem Gedicht ist seine Form.
  Es ist in **Verse** gegliedert. Jede Satzzeile ist ein Vers.

Am Meer

Ich war am Meer und saß am Strand
und schaufelte den weißen Sand
mal hin und auch mal her.
Grub viele Löcher, schwarz und tief,
in die bei Flut das Wasser lief.
Dann war das Meer ganz leer.

Robert Louis Stevenson

- Die meisten Gedichte reimen sich.
  Dafür verwendet man **Reimwörter**.

Drachen	*sein*	*Sonne*	*cool*	*Witz*
krachen	*klein*	*Wonne*	*Pool*	*Fritz*

- Ein **Reimschema** zeigt an, in welchen Zeilen
  die Reimwörter stehen.

Kleine Katzen

Kleine Katzen sind so niedlich — A
und so friedlich und gemütlich. — A
Aber schaut sie richtig an: — B

Jedes Sätzchen auf den Tätzchen — C
hilft, dass aus dem süßen Kätzchen — C
mal ein Raubtier werden kann. — B

James Krüss

Gedichtformen

Gedichte haben verschiedene Formen und Baupläne.
Sie können gereimt und ungereimt sein.

Akrostichon

Bei einem Akrostichon werden die Buchstaben eines Wortes **senkrecht** untereinander geschrieben. Jeder dieser Buchstaben bildet dann den Anfang eines neuen Wortes oder Satzes.

S*onne* 
O*bst*
M*eer* 
M*elone*
E*is* 
R*eise*

Elfchen

Ein Elfchen ist ein Gedicht aus **11 Wörtern** in fünf Zeilen.

1. Zeile	1 Wort (= Überschrift)
2. Zeile	2 Wörter
3. Zeile	3 Wörter
4. Zeile	4 Wörter
5. Zeile	1 Wort

Herbst
bunte Blätter
sie tanzen lustig
ich sehe ihnen zu
Blättertanz

Haiku

Das Haiku ist eine Gedichtform aus Japan und besteht aus **3 Zeilen**. Insgesamt haben die Wörter **17 Silben**.

1. Zeile	5 Silben
2. Zeile	7 Silben
3. Zeile	5 Silben

Kleine Nachtigall
sie singt von Freude und Glück
der Frühling ist da

Personen beschreiben

- Beim Beschreiben werden äußere Eigenschaften von Dingen, Personen und Tieren aufgezählt.
Zuerst kommen die wichtigen Dinge, dann die Einzelheiten.
Es sollten so genaue Wörter wie möglich verwendet werden. Beschrieben wird im Präsens (Gegenwart).

> Meine neue Klasse besteht aus 26 Kindern. Die Hälfte sind Mädchen. Alle Kinder wohnen in unserem Dorf. Viele gehen nachmittags in eine Sport-AG. Manche Kinder spielen ein Instrument.

- Dinge, Personen oder Tiere werden beschrieben, wenn sie vermisst werden oder wenn es um ein Rätsel geht.
Dann erstellt man einen **Steckbrief**.

Geschlecht: *männlich*
Alter: *6 Jahre*
Größe: *ca. 1,35 m*
Körperbau: *zierlich*
Haarfarbe: *braun*
Augenfarbe: *grün*
besondere Kennzeichen:
Brille und Zahnspange

Tiere beschreiben

- Bei der Beschreibung eines Tieres ist es hilfreich, sich das Tier gut anzusehen und zu jedem Punkt Stichworte zu notieren. Diese Informationen soll die Beschreibung enthalten:

Art des Tieres: Vogel
Größe: ungefähr 10 cm
Aussehen, Farbe: goldgelbes Gefieder
Lebensraum: Nordafrika
Verhalten: scheu, nachtaktiv
Nahrung: Beeren
Besonderheiten: singt besonders schön

- Manchmal braucht man einen **Steckbrief**, wenn das Haustier weggelaufen ist. Dann muss man auch angeben, wie man erreichbar ist (Name, Telefonnummer, Adresse).

Hellblau gefiederter Wellensittich entflogen.
-hört auf den Namen Bubi
-kann sprechen
Gegen Belohnung abzugeben bei Tina Mai, Müllerstraße 10, Tel. 87465

Wer hat Smilla gesehen? Rot-weiß gestreifte Katze am Wochenende entlaufen. Sie ist drei Jahre alt, dünn und hat hellbraune Augen. Hinweise bitte an Lukas Schneider, Telefon 0199-54612

Wege beschreiben

Eine Wegbeschreibung soll helfen, einen bestimmten Ort zu finden. Deshalb kommt es auf klare Angaben zu **Ort, Richtung und Entfernung** an. Besonderheiten an der Strecke dienen als Orientierungshilfen.

Wichtig sind:

→ **genaue Ortsangaben:**
Wo befindet sich etwas?
am Rathaus, rechts neben dem Spielplatz

→ **genaue Richtungsangaben:**
Wohin muss man gehen?
geradeaus, nach links, über die Brücke

→ **genaue Angaben zur Entfernung:**
Wie weit ist etwas entfernt?
ungefähr 200 Meter, 5 Minuten Fußweg

→ **Angabe von Besonderheiten an der Strecke**:
Welche **auffallenden Gebäude** gibt es an der Strecke?
vor dem Denkmal, am Schloss

Mögliche Orientierungspunkte können sein:
die Post, eine Kirche, eine Schule, ein Kreisverkehr, eine Brücke, ein Schloss, ein Park, der Marktplatz, der Bahnhof, das Rathaus

- Eine zusätzliche **Wegskizze** beschreibt den Weg anschaulich.

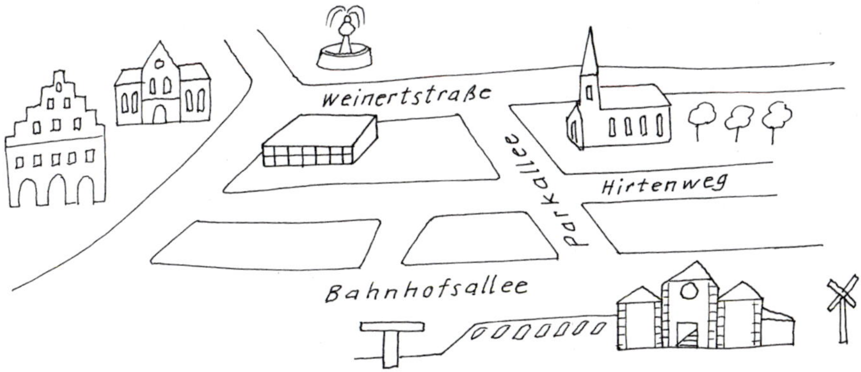

- Eine Wegbeschreibung wird meist in Aufforderungssätzen formuliert. Die Sätze sollten klar und einfach gestaltet sein.

Gehe vom Bahnhof aus durch die Parkallee. Nach einer Kreuzung siehst du rechts eine Kirche. Biege dort nach links ab und laufe die Weinertstraße entlang. Nach fünf Minuten kommst du an einem Schwimmbad vorbei. Gegenüber ist der Stadtpark mit dem Märchenbrunnen. Wenn du nun geradeaus über die Straße gehst, siehst du auf der linken Seite das Rathaus und rechts die Schule.

- Verschiedene Satzanfänge machen eine Wegbeschreibung verständlicher: *zuerst, dann, danach, dort, nach fünf Minuten*

  Treffende Verben sind: *gehen, laufen, abbiegen, überqueren, vorbeikommen*

Dinge beschreiben

- Eine **Gegenstandsbeschreibung** muss möglichst **präzise** sein. Jede Einzelheit wird genau und sachlich beschrieben.

Eine Litschi ist eine Steinfrucht, die bis zu 3 cm groß wird. Das Fruchtfleisch ist weiß und die Schale dunkelrosa und stachelig.

- In einer Gegenstandsbeschreibung geht man **vom Allgemeinen zum Besonderen** vor. Man kann einen Gegenstand von links nach rechts oder von oben nach unten beschreiben.

Der Rucksack ist blau und besteht aus wasserdichtem Stoff. An den Seiten hat er Taschen.

- Mithilfe von treffenden Adjektiven kann der Gegenstand präzise beschrieben werden, z. B. Größe, Gewicht, Form, Material, Farbe und andere Merkmale.

kugelrund, weich, leuchtend, hoch, kalt, hart, prall

Größe: Der Kompass hat eine Seitenlänge von ungefähr 10 cm.
Gewicht: Er wiegt 200 Gramm.
Form: Die Grundfläche ist quadratisch. Die Kuppel ist eine Halbkugel.
Material: Das Gestell des Kompasses ist aus robustem Kunststoff. Die Kuppel besteht aus bruchsicherem Glas.
Farbe: Der Kompass hat ein schwarzes Gehäuse. Die Himmelsrichtungen und die Kompassnadel sind grün gestaltet. Die Skala ist weiß beschriftet.

Spielanleitung

Eine Spielanleitung muss gut verständlich sein und alle wichtigen Informationen enthalten.

1. Zuerst wird der **Name** des Spiels genannt und das **Ziel** des Spieles kurz beschrieben.
   Das A-E-I-O-U-Spiel ist ein Buchstabenspiel. Es geht darum, so viele Wörter wie möglich zu finden.

2. Nun werden Informationen zum benötigten **Spielmaterial** und zur Anzahl der **Mitspieler** genannt.
   Benötigt werden ein Zettel, ein Stift und eine Stoppuhr. Es können beliebig viele Kinder mitspielen.

3. Der **Spielverlauf** muss alle Teilhandlungen genau beschreiben.
   Es gibt fünf Spielrunden. Jede Spielrunde dauert zwei Minuten. Ein Kind stoppt die Zeit. In der ersten Runde schreibt jedes Kind möglichst viele Substantive/Nomen auf, in denen der Selbstlaut „a“ vorkommt (z. B. Ananas, Anna, Haare, Banane, Panama). In der zweiten Runde geht es um Wörter mit „e“, in der dritten Runde um Wörter mit „i“ usw. Auch Zwielaute können einbezogen werden.

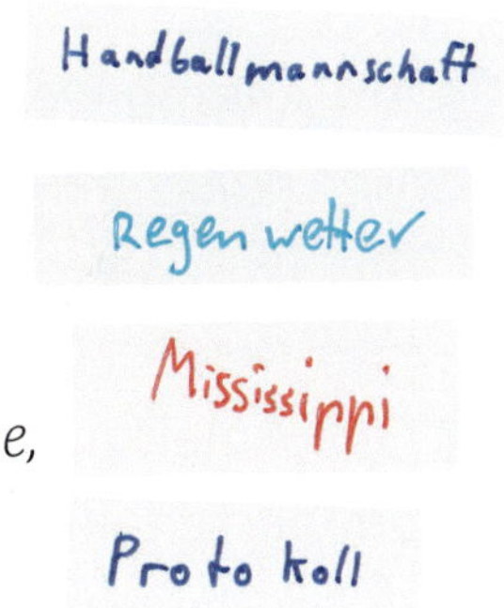

4. Zum Schluss werden das **Spielende und die Auswertung** beschrieben. Außerdem können Hinweise auf Spielvarianten gegeben werden.
   Gewinner ist, wer die meisten aufgerufenen Selbstlaute gefunden hat.

Bastelanleitung

- Wie etwas Gebasteltes entsteht, wird in einer Bastelanleitung beschrieben. Diese muss eine klare Abfolge haben und die Arbeitsschritte genau benennen. Sie wird im Präsens geschrieben. Geeignet sind Aussage- oder Aufforderungssätze.

- Man kann in einer Anredeform oder in einer unpersönlichen Form schreiben. Diese Form sollte durchgehalten werden.

Anredeform

– *Du schneidest 4 cm vom Papier ab.*
– *Schneiden Sie 4 cm vom Papier ab.*

unpersönliche Form

– *Man schneidet 4 cm vom Papier ab.*
– *Vom Papier werden 4 cm abgeschnitten.*

- Am Anfang werden alle benötigten Materialien benannt:
Man braucht: eine leere Pappschachtel, eine Schere, buntes Papier, Aufkleber, Perlen, Watte und Kleber.

- Eine Anleitung beschreibt jeden Schritt nacheinander, am besten nummeriert.

1. *Beklebe zuerst die Pappschachtel mit Buntpapier.*
2. *Verziere anschließend den Deckel mit bunten Aufklebern.*
3. *Klebe dann noch Perlen in die Mitte.*
4. *Lege zum Schluss Watte in die Schachtel.*

Rezept

Wie man etwas Essbares zubereitet, wird in einem Rezept beschrieben. Dieses hat eine klare Abfolge und muss die Arbeitsschritte genau benennen.
Ein Rezept wird im Präsens geschrieben. Geeignet sind Aussage- oder Aufforderungssätze. Dabei ist es wichtig, **treffende Verben** zu benutzen und den Text so **knapp** wie möglich zu halten.

1. Zuerst werden die **Zutaten**, die **benötigten Geräte** und die **genauen Mengenangaben** aufgeführt.

2. Danach werden die einzelnen Arbeitsschritte in der **richtigen Reihenfolge** aufgeschrieben.

Zuerst stelle alle Zutaten bereit.
Dann vermische alle Zutaten miteinander.
Danach knete den Teig gut durch und rolle ihn aus.
Nun stichst du die Plätzchen mit Formen aus und legst sie auf ein Backblech. Backe die Plätzchen im Herd bei 150 Grad ungefähr 10 Minuten. Zum Schluss kannst du sie noch verzieren.

Sachtext

Für einen Sachtext werden allgemein gültige Informationen genutzt. Wichtig ist es, vor dem Schreiben eine **Gliederung** zu erarbeiten. Oft benötigt man auch **Fachausdrücke**.

Wie der Computer entstand

In der **Einleitung** wird das Thema vorgestellt und gesagt, warum es für den Leser wichtig ist. →

Computer sind aus dem Alltag heute nicht mehr wegzudenken. Doch vor ungefähr 100 Jahren wurden Computer überhaupt erst gebaut.

Die Verwendung bekannter und anschaulicher Wörter hilft beim Verstehen des Textes.

Im **Hauptteil** werden die Informationen sachlich und konkret dargestellt. →

Wichtig ist es, auf Spannendes und Außergewöhnliches einzugehen.

Die einzelnen Abschnitte sollen mit Überleitungen verbunden werden.

Bis zu diesem Zeitpunkt waren viele Berechnungen sehr mühselig. Die ersten Rechenmaschinen vor 100 Jahren arbeiteten mit Lochkarten. Diese Maschinen waren so groß, dass sie einen riesigen Saal einnahmen. Eine wichtige Neuerung war der erste Digitalrechner, den Konrad Zuse 1940 in Berlin baute. Gleichzeitig wurden auch in den USA Computer entwickelt. Aber erst um 1970 machte die technische Entwicklung einen Sprung. Nun hatten die Computer einen sogenannten Mikroprozessor, der die Rechenarbeit übernahm. Die Geräte wurden immer billiger und kleiner.

Im **Schluss** wird ein Bogen zur Einleitung geschlagen. →

Heute können sie fast alles – und werden jeden Tag schlauer.

Versuchsprotokoll

In einem Versuchsprotokoll wird genau beschrieben, wie man die einzelnen **Arbeitsschritte** eines Experiments nach einer festgelegten **Reihenfolge** durchführt. Alle Ergebnisse und gewonnenen Erkenntnisse werden auch festgehalten.

Härte-Test

← An der **Überschrift** soll man sofort erkennen, worum es in dem Versuch geht.

Welche **Forschungsfrage** wird mithilfe des Versuches beantwortet? →

Schützt Zahnpasta wirklich die Zähne?

Material:
2 gekochte Eier,
1 Zahnbürste,
Fluorid-Gel (Zahnpasta),
2 Trinkgläser, Tafelessig

← Zu Beginn des Versuches muss das **Material** und dessen **Menge genau** benannt werden.

Im Hauptteil werden der **Versuchsverlauf** sowie alle **Arbeitsschritte** in der richtigen **Reihenfolge** erklärt. →

Ablauf:
Etwas Zahnpasta wird auf eine Zahnbürste gegeben. Damit wird eins der Eier gründlich eingerieben. Nun muss die Zahnpasta eine Stunde einwirken. Danach wird das Ei mit Wasser abgewaschen. Anschließend werden das behandelte und das unbehandelte Ei in jeweils ein Glas gegeben. Dazu kommt in jedes Glas so viel Essig, dass die Eier bedeckt sind.

Beobachtungen und Ergebnisse:

← Zum Schluss werden die **Beobachtungen** und **Ergebnisse** festgehalten. Außerdem werden mögliche **Erklärungen** für das Versuchsergebnis gegeben.

Bericht

In einem Bericht werden **tatsächliche Ereignisse** sachlich und knapp aufgeschrieben. Da die Ereignisse, von denen berichtet wird, schon geschehen sind, wird ein Bericht im **Präteritum** (Vergangenheit) verfasst. Die **Reihenfolge des Geschehens** muss genau wiedergegeben werden.
Für einen Bericht sind folgende Informationen wichtig:

	Unsere Helden der Kistenpiste
Was geschah? **Wo** geschah es? **Wann** geschah es?	→ Das diesjährige Seifenkistenrennen fand am Dienstag im Park statt.
Wer war am Geschehen beteiligt?	→ Alle Hortkinder nahmen teil.
Wie ist es zu diesem Ereignis gekommen und **warum**?	→ Das Seifenkistenrennen ist eine Tradition und wurde von der Klasse 4 b organisiert.
Wie war der genaue **zeitliche Ablauf**?	→ Alle trafen sich um 15 Uhr. Das Rennen endete um 17 Uhr. Es wurde wieder sehr spannend.
Welche **Folgen** hatte das Geschehen?	→ Sieger wurden die Kinder der Klasse 3 b. Alle freuen sich schon auf das Seifenkistenrennen im nächsten Jahr.

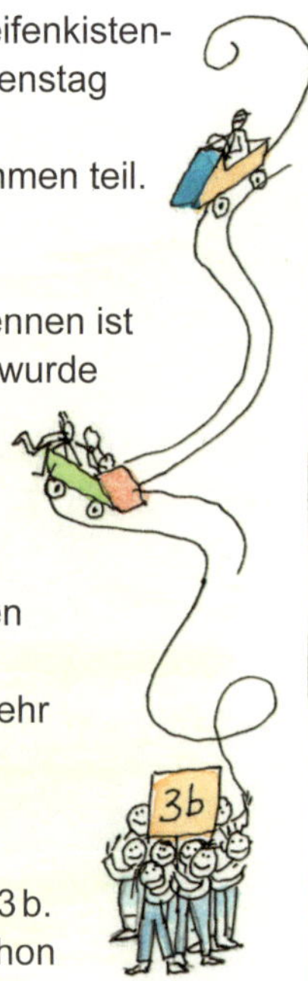

Zeichnungen, Fotografien oder andere Informationsmaterialien können einen Bericht sinnvoll ergänzen.

Interview

Ein Interview ist eine Befragung durch einen Fragesteller. Das Ziel besteht darin, Informationen oder Meinungen zu ermitteln.

Wir lernen unsere Klasse kennen

Adele: Hallo Elisa!
Elisa: Hallo!

Adele: Womit spielst du am liebsten?
Elisa: Am liebsten spiele ich Tischtennis.

Adele: Hast du eine beste Freundin oder einen besten Freund?
Elisa: Ja, meine Schwester Sophia.

Adele: Wovor hast du Angst?
Elisa: Vor Spinnen.

Adele: Was kannst du besonders gut?
Elisa: Ich kann gut malen.

Adele: Was möchtest du am liebsten lernen?
Elisa: E-Gitarre.

Vorher:
- Thema festlegen
- Interviewpartner suchen
- Interviewpartner anfragen und Gesprächstermin und Gesprächsort vereinbaren
- Aufnahmegerät besorgen
- Fragen erarbeiten

Während:
- Interviewpartner freundlich begrüßen
- Fragen laut und deutlich vorlesen
- Antworten aufnehmen oder mitschreiben
- sich zum Schluss bedanken

Nachher:
- Fragen und Antworten kurz zusammenfassen
- oder Mitschnitt der Aufnahme abschreiben

Sachinformationen finden

Um über ein Thema schreiben zu können, benötigt man viele Informationen. Dafür nutzt man verschiedene Informationsquellen. Das können z. B. Sachbücher, Lexika, Atlanten, Zeitungen und Zeitschriften, Reportagen, Expertenbefragungen oder das Internet sein.

Für Kinder sind im Internet zum Suchen und Informieren folgende Seiten gut geeignet:
www.blinde-kuh.de
www.fragFINN.de
www.helles-koepfchen.de

Um den Sachtext gut planen zu können, müssen die vielen Ideen und Informationen geordnet werden. Das macht man mit einem **Cluster** (englisch = „Haufen“).

1. Thema in die Mitte schreiben und einkreisen
2. Einfälle zu diesem Thema mit einem Strich anfügen
3. jedem neuen Wort werden wieder neue Ideen und Gedanken hinzugefügt

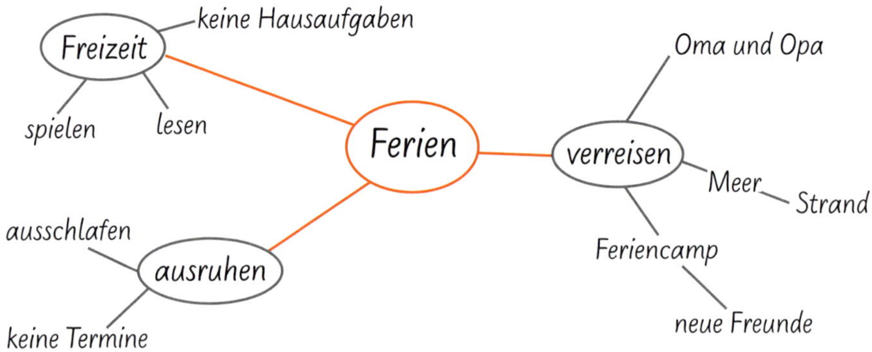

Informationen ordnen mit einer Mindmap

Eine Möglichkeit, die vielen Ideen und Informationen für einen Sachtext zu ordnen, ist eine **Mindmap**. Das Wort Mindmap ist englisch und bedeutet Gedankenlandkarte. Eine Mindmap hilft, Gedanken geordnet aufzuschreiben.

1. Thema finden
- Thema in die Mitte eines großen weißen Blattes (oder an die Tafel) schreiben
- farbig einkreisen

2. Hauptäste
- vom Thema in der Mitte aus werden die Hauptäste gezeichnet
- an die Hauptäste werden Oberbegriffe geschrieben, die zum Thema gehören

3. Mindmap füllen
- Nebenäste an die Hauptäste zeichnen
- Unterbegriffe an die Nebenäste schreiben

4. Überprüfen
- Befindet sich das Thema in der Mitte?
- Sind alle wichtigen Themen an den Hauptästen?
- Sind Informationen an den Nebenästen?

Eine Mindmap kann immer weiter ergänzt werden.

Wortfeld

- Wörter mit gleicher oder ähnlicher Bedeutung gehören zu einem **Wortfeld**. Wörter eines Wortfeldes sind sinnverwandt. Wortfelder können von einem Wort ausgehen.

sagen

absagen, ansagen, antworten, argumentieren, aufzählen, ausdrücken, ausrufen, aussagen, äußern, aussprechen, schreien, befehlen, begründen, behaupten, bekanntgeben, stammeln, hervorheben, klarstellen, fragen, gestehen, grüßen, nennen, widersprechen, wiederholen, mitteilen, murmeln, plaudern, protestieren, raten, reden, rufen, schildern, schimpfen, sprechen, …

- Manchmal gehören zu einem Wortfeld Wörter verschiedener Wortarten.

eilig

die Eile, in Eile sein, es eilig haben, beeilen, überstürzt, zügig, geschwind, schnell, sofort, eilends, fix, hurtig, rasant, rasch

- Manche Wörterbücher führen zu einem Stichwort auch Wörter an, die zu dem Wortfeld gehören. Damit kann man treffende und abwechslungsreiche Wörter finden.

Wörter mit einer ähnlichen oder gleichen Bedeutung nennt man auch Synonyme.

Einen Text überarbeiten

Wenn man einen Text geschrieben hat, ist er nicht immer gleich perfekt. Es lohnt sich, ihn zu überarbeiten.

Vier Schritte sind wichtig:

1. Aufbau überprüfen
- Sind Einleitung, Hauptteil und Schluss zu erkennen?
- Beziehen sich alle Teile auf dasselbe Thema (roter Faden)?

2. Inhalt überprüfen
- Passt die Überschrift zum Text?
- Fehlt etwas im Text?
- Ist der Text gut zu verstehen?

3. Ausdruck überprüfen
- Wurden verschiedene Satzanfänge verwendet?
- Enthält der Text treffende Verben?
- Enthält der Text passende Adjektive?

4. Rechtschreibung überprüfen
- Sind die Satzanfänge großgeschrieben?
- Wurden alle Satzschlusszeichen gesetzt?
- Wurde bei schwierigen Wörtern das Wörterbuch genutzt?

Anschließend wird der Text neu geschrieben.
Erst danach kann er veröffentlicht werden.

Einen Text gestalten

Nachdem ein Text geschrieben und überarbeitet wurde, kann er gestaltet werden. Dafür wird er in eine passende und schöne Form gebracht.

1. Zuerst prüft man, wie der Text und die ausgewählten Bilder auf der Seite angeordnet werden sollen. Hier ist eine Skizze hilfreich.

2. Nun ist zu überlegen, welche Stifte oder welches Schreibwerkzeug man verwenden möchte. Es ist auch möglich, am Computer zu arbeiten.

3. Zuerst wird die Überschrift gestaltet. Sie soll die Aufmerksamkeit auf den Inhalt lenken und neugierig machen. Sie kann farbig sein, eingerahmt oder unterstrichen werden. Die Buchstaben der Überschrift sind oft größer als die Schriftgröße des Textes.

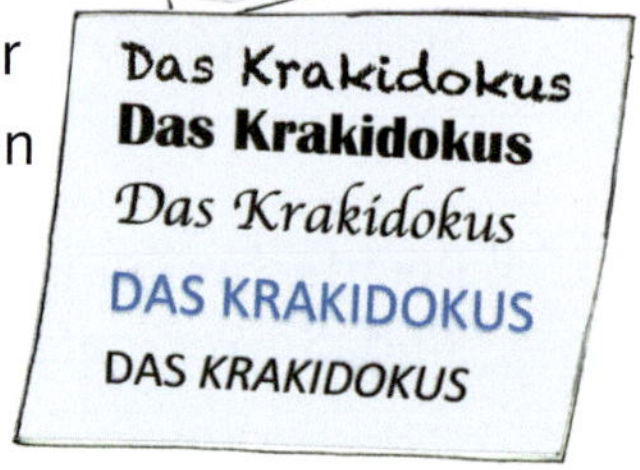

4. Danach wird der Text geschrieben. Die Schrift sollte gut leserlich sein. Vorgedruckte Linien können helfen, den richtigen Abstand zu halten. Zum Schluss fügt man die ausgewählten Bilder ein.

Einen Text vortragen

- Ein **Vortrag (Referat)** soll die Zuhörer über ein bestimmtes Thema informieren. Wenn der Text fertig ist, ist es wichtig, sich auf den Vortrag gut vorzubereiten.

- Ein Vortrag wird schnell langweilig, wenn der Text einfach nur vorgelesen wird. Alle hören einem lebendig gestalteten Vortrag viel aufmerksamer zu.

Ganz wichtig:
- etwas langsamer als sonst sprechen, laut und deutlich
- Blickkontakt zu den Zuhörern halten
- kurze Pausen nach den Abschnitten machen

Auch wichtig:
- Wenn man die Einleitung auswendig kann, kommt man leichter ins Sprechen.
- Stichpunkte auf Karteikarten helfen beim freien Sprechen.
- Fachausdrücke sollten allen erklärt werden.
- Ein guter Schluss-Satz fasst alles noch einmal zusammen.

- Bevor man einen Vortrag hält, müssen die benötigten **Materialien** bereitgestellt werden, zum Beispiel der Computer für eine Präsentation, der Projektor für Folien oder eine Pinnwand für Fotos. Bilder, Plakate oder Folien machen einen Vortrag lebendig.

Informationen erfassen

Beim Lesen erfassen wir Informationen aus Buchstaben oder Zeichen. Vor ca. 5000 Jahren haben sich die Menschen durch eine Bildschrift miteinander verständigt.
Diese Zeichen heißen **Hieroglyphen**.

Auch heute noch kennen wir Bildzeichen, die uns eine eindeutige Information geben. Auf der ganzen Welt können diese Zeichen verstanden werden.

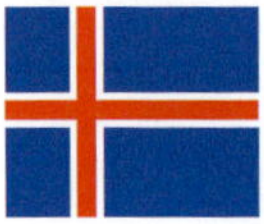

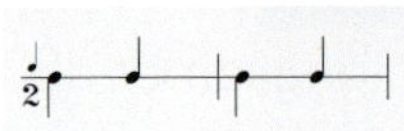

→ Bildzeichen werden auch als **Ideogramm** bezeichnet. Dabei handelt es sich um ein eher zufälliges Bild.

→ Auf einem **Piktogramm** ist zu sehen, wo man etwas findet oder was man nicht darf. So etwas sieht man auf Straßen, auf Bahnhöfen oder Flughäfen.

→ Firmen oder Vereinigungen haben immer ein **Logo**, an dem man sie erkennt:

→ Ein **Typogramm** ist ein Textbild, das mit Buchstaben die Form des Inhaltes nachahmt.

- Unsere Schrift ist aus **Buchstaben** aufgebaut.
Diese stehen für einzelne Laute. Y F A
Manche Laute haben mehrere Buchstaben. ch, au, sch

- Es gibt 30 Buchstaben, mit denen **Silben** gebildet werden.
Die meisten Silben kommen oft vor. be tra gra

- Aus Silben werden **Wörter** zusammengesetzt. Diese haben eine Bedeutung. Kurze Wörter kann man schnell im Ganzen erkennen. Lange Wörter kann man gut lesen, wenn man sie in Silben gliedert: gra-tu-lie-ren

- Mit Wörtern werden **Sätze** gebildet. Beim schnellen Lesen werden mehrere Wörter auf einen Blick erfasst. Um das zu üben, liest man kleine Sätze, die immer länger werden.
Ich lese.
Ich lese nichts.
Ich lese nichts anderes.
Ich lese nichts anderes als Krimis.

- Ein **Text** besteht aus Sätzen. Satzschlusszeichen (Punkt, Komma oder Anführung) helfen, die Sätze zu gliedern, zu verstehen und vorzulesen.

Lukas sucht Mopsi schon den ganzen Tag in seiner Schultasche ist er nicht Das Kaninchen hat sich irgendwo versteckt Wo bist du Lukas macht das Fenster auf und zu Papa meint dass Lukas mal im Hochbett suchen soll	Lukas sucht Mopsi schon den ganzen Tag. In seiner Schultasche ist er nicht. Das Kaninchen hat sich irgendwo versteckt. „Wo bist du?“ Lukas macht das Fenster auf und zu. Papa meint, dass Lukas mal im Hochbett suchen soll.

Informationen ermitteln und wiedergeben

Ein Sachtext enthält **Informationen**, die man **überprüfen** kann. Sachtexte können **erklären**, **informieren** oder **Anweisungen** enthalten.

Der Löwe
Der Löwe ist ein Raubtier und gehört zur Familie der Katzen.
Das Männchen fällt mit seiner großen Mähne besonders auf. Es kann bis zu 2,50 Meter lang werden und 1,20 Meter hoch.
Löwen leben hauptsächlich in Afrika. Sie ernähren sich nur von Fleisch. Ihre Beute sind Antilopen, Gazellen, Büffel und Zebras. Löwen pirschen sich auf der Jagd an und können mit einem Satz 6 Meter auf die Beute springen.
Das Löwenweibchen bringt jeweils ein bis vier Junge zur Welt. Nur der Rudelführer darf sich mit den Weibchen paaren. Die Jungen bleiben noch 2 Jahre beim Muttertier, bevor sie ihre eigenen Wege gehen.
Der „König der Tiere“, wie der Löwe auch oft genannt wird, kommt in vielen Sagen, Märchen und Filmen vor. Sehr bekannt ist der Trickfilm „König der Löwen“.

Beim ersten Lesen eines Textes schaut man zuerst auf die **Überschrift** und auf die **Bilder**. Dann „**überfliegt**“ man den Text und verschafft sich einen **Überblick**. Die Aufmerksamkeit wird auf einzelne Wörter gerichtet.

Der Löwe ist ein **Raubtier** *und gehört zur Familie der* **Katzen**. *Löwen leben hauptsächlich in* **Afrika**. *Sie ernähren sich nur von* **Fleisch**.

Nach dem ersten Informieren wird der Text **gründlich** gelesen. Nun kann man Fragen zum Text beantworten.
Wo leben Löwen? → *in Afrika*
Wie lange leben die Jungen bei den Eltern? → *zwei Jahre*
In welchem Film kommt der Löwe vor? → *in „König der Löwen“*

Informationen zusammenfassen

- Beim gründlichen Lesen eines Sachtextes werden wichtige Wörter unterstrichen oder markiert. Diese Wörter werden **Schlüsselwörter** genannt.

- Teilüberschriften helfen, den Text in Abschnitte einzuteilen.

Der Löwe

Der Löwe ist ein Raubtier und gehört zur Familie der Katzen. Das Männchen fällt mit seiner großen Mähne besonders auf. Es kann bis zu 2,50 Meter lang werden und 1,20 Meter hoch.

Aussehen des Löwen

Löwen leben hauptsächlich in Afrika. Sie ernähren sich nur von Fleisch. Ihre Beute sind Antilopen, Gazellen, Büffel und Zebras. Löwen pirschen sich auf der Jagd an und können mit einem Satz 6 Meter auf die Beute springen.

Vorkommen und Nahrung

Das Löwenweibchen bringt jeweils ein bis vier Junge zur Welt. Nur der Rudelführer darf sich mit den Weibchen paaren. Die Jungen bleiben noch 2 Jahre beim Muttertier, bevor sie ihre eigenen Wege gehen.

Fortpflanzung

Der „König der Tiere", wie der Löwe auch oft genannt wird, kommt in vielen Sagen, Märchen und Filmen vor. Sehr bekannt ist der Trickfilm „König der Löwen".

Löwe in der Kunst

- Unbekannte Begriffe werden gekennzeichnet, damit man sie nachschlagen kann.

Mit Stichpunkten zusammenfassen

Stichpunkte helfen, einen Text in sehr kurzer, schriftlicher Form darzustellen. Dabei kommt es darauf an, die wichtigsten Informationen mit wenigen Worten zusammenzufassen. Ein Stichpunkt kann aus einem oder mehreren Wörtern bestehen.

1. Text genau lesen
- wichtige Informationen heraussuchen
- Schlüsselwörter unterstreichen oder markieren

2. Stichpunkte aufschreiben
- Gedankenstriche nutzen
- Wortgruppe oder einzelne Wörter aufschreiben
- Satz für Satz bearbeiten

3. Vollständigkeit prüfen
Zum Schluss prüfen, ob man mit den Stichpunkten den Inhalt des Textes gut wiedergeben kann.

Der Löwe
- *Löwe ist Raubtier*
- *Familie der Katzen*
- *lebt in Afrika*
- *Fleischfresser*
- *jagt Beute*
- *kann weit springen*
- *1–4 Junge*
- *2 Jahre Aufzucht*
- *Löwe in Märchen und Filmen*

Es geht auch umgedreht. Du kannst aus einem Stichpunktzettel auch einen Sachtext erstellen.

Kalender

Ein **Kalender** ist nützlich, um sich **Termine** einzutragen. Das sind Feiertage oder auch regelmäßige Hobbys, die man nicht vergessen will.
In einem Kalender wird die Zeit in Tage, Wochen, Monate und Jahre eingeteilt. Meistens gilt ein Kalender für ein Jahr.

Es gibt auch elektronische Kalender, in die man Termine eintragen kann. Diese geben zu einem festgelegten Zeitpunkt ein Signal.

Tabellen und Diagramme

Eine **Tabelle** dient der Zusammenfassung von Informationen. Damit nicht viele ähnliche Informationen immer wieder aufgeführt werden, werden sie gekürzt und übersichtlich dargestellt.

	Haustiere der Kinder der Haselberg-Grundschule				
Zeile → / Spalte ↓	Kein Haustier	Hund	Katze	Hase/ Kaninchen	Wellensittich
Klasse 1	10	5	3	2	–
Klasse 2	15	3	5	1	2
Klasse 3	12	7	2	2	1
Klasse 4	15	8	4	3	–
insgesamt	52	23	14	8	3

Ein **Kreisdiagramm** dient dazu, Mengen miteinander zu vergleichen und sie anschaulich zu machen. Eine „Torte“ dient dabei als Vergleichsgröße.

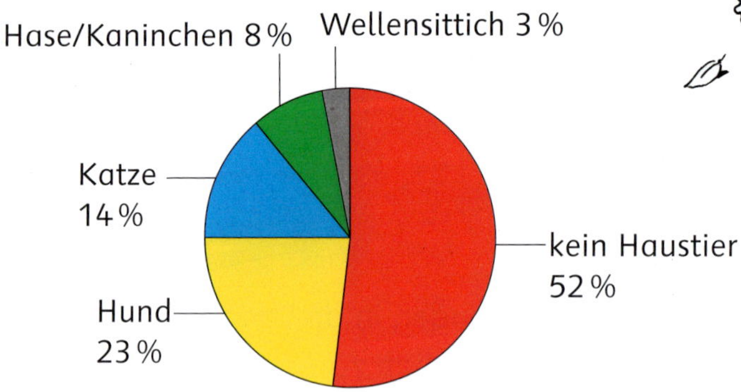

In einem **Säulendiagramm** kann man ebenfalls Mengen miteinander vergleichen. Die Werte stehen an zwei Achsen (waagerecht und senkrecht).

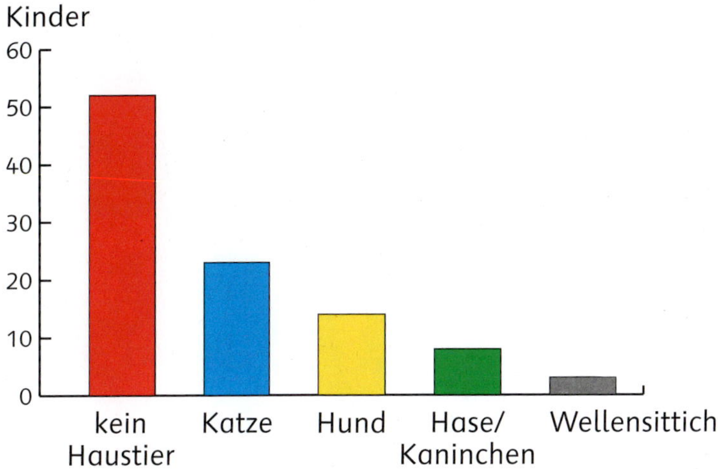

Fahrpläne sind auch Tabellen. Ein Fahrplan informiert darüber, wann ein Verkehrsmittel abfährt oder ankommt. In Fahrplänen wird oft mit Abkürzungen gearbeitet.

Linie 25 Kieselbach – Tiefenort (gilt vom 1.4. bis 10.10.)						
	Mo bis Fr				Sa/So	
Kieselbach	6:45#	7:15		19:20	9:32	16:19
Wendeschleife	6:48	7:18		19:23		16:22
Weißer Stein	6:50	7:20		19:25		16:24
Krayenbergweg	6:53	7:23	alle	19:28		16:27
An der Trift	6:59	7:29	30 Min.	19:34	9:38	16:33
Krankenhaus	7:10	7:40		19:45	9:49	16:44
Schollstraße	7:15	7:45		19:50	9:54	16:49
Bahnhof	7:17	7:47		19:52	9:56	16:51
Tiefenort	7:22	7:52*		19:57	10:01*	16:56
# nicht barrierefrei * fährt weiter nach Unterrohn						

Karten und Pläne

Karten und Pläne zeigen Orte von **oben**. Oft werden darin grafische Darstellungen und Piktogramme verwendet.

- An einer **Wetterkarte** kann man für unterschiedliche Orte sehen, wie das Wetter in den nächsten Tagen sein wird.

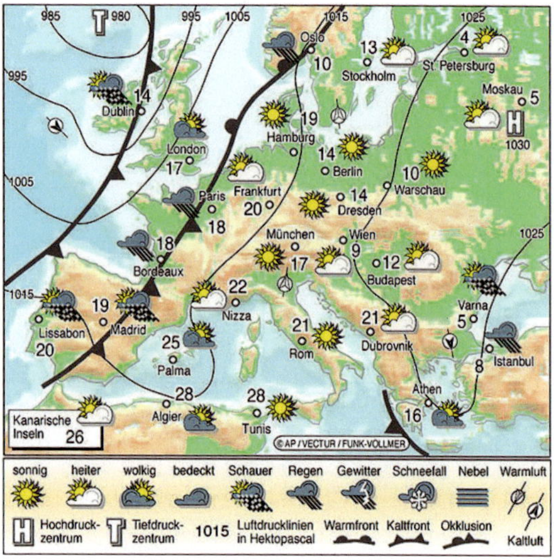

- Ein **Liniennetz** zeigt in vereinfachter Form, welche Verkehrslinien wohin fahren. Man erkennt die Stationen, die Endhaltestellen und die Umsteigepunkte.

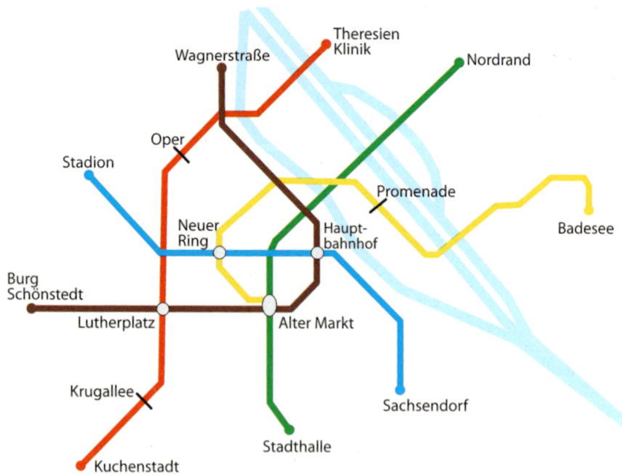

Stadtplan

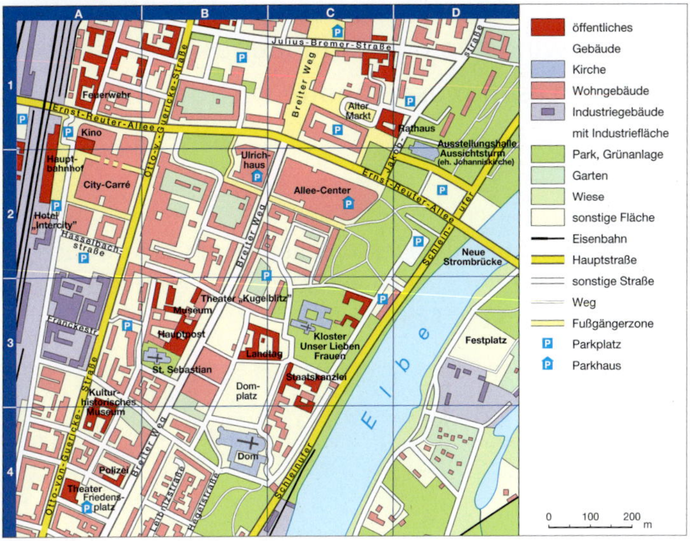

City-Plan von Magdeburg

Auf einem Stadtplan wird aus der Sicht von oben der Ort **verkleinert** abgebildet. In einer **Legende** wird beschrieben, was die Zeichen in der Karte bedeuten.

→ An den Rändern eines Stadtplanes stehen Buchstaben und Zahlen. Damit kann man eine Straße schnell finden. *Zum Beispiel Hegelstraße B 4. Man sucht die Spalte B und die Zeile 4. In dem Quadrat, in dem sich Spalte B und Zeile 4 treffen, findet man die Hegelstraße.*

Grundriss

Pläne von Bauwerken findet man häufig in öffentlichen Gebäuden, damit man sich schnell zurechtfinden kann.

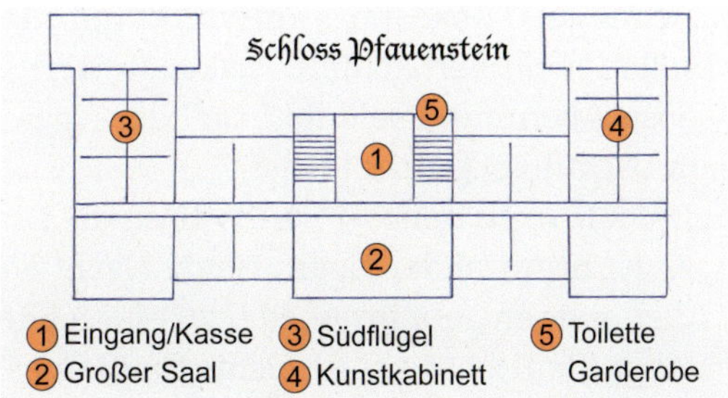

Erzähltexte: W-Fragen stellen

Erzähltexte schildern wirkliche oder erfundene Begebenheiten. Beim Lesen musst du alle wichtigen Informationen erfassen.

Die Mutprobe

Der kleine Drache Kokosnuss und der Fressdrachenjunge Oskar wollen heute im Dschungel übernachten. Sie haben schon alles gepackt: Zelt, Schlafmatten, Schlafsäcke und Taschenlampen.

Die Freunde finden einen guten Lagerplatz. Sie bauen ihr Zelt auf und schlüpfen in die Schlafsäcke. Draußen raschelt und knackt und knistert und zischelt es.
Was war das?
Die Drachenkinder leuchten mit der Taschenlampe ins Dunkle hinaus. Die riesigen Dschungelblätter wiegen sich wie Ungeheuer im Nachtwind.
„Ich muss mal“, flüstert Oskar. „Kommst du mit?“
Kaum sind die beiden aus dem Zelt gestiegen, da bricht ein großes gestreiftes Tier mit Gebrüll aus dem Unterholz hervor.
Der Tiger!
„Hilfe“, schreit Oskar und springt vor Schreck in Kokosnuss’ Arme.
Der Tiger brummt: „Was machen denn zwei Drachenkinder nachts im Dschungel?“ Kokosnuss antwortet mit zitternder Stimme: „W-wir wollen hier übernachten.“ Oskar stottert: „W-wir sind A-abenteurer.“
„Soso, Abenteurer seid ihr“, sagt der Tiger. „Wisst ihr denn nicht, dass es im Dschungel gefährlich ist?“
„D-doch, w-wissen wir“, antworten die Drachenkinder.
„Nun“, brummt der Tiger. „Heute Nacht werde ich auf euch Acht geben. Aber morgen geht ihr wieder zu euren Eltern.
Der große Dschungel ist nichts für kleine Drachen.“

Ingo Siegner

W-Fragen helfen beim Verstehen des Textes.
Das sind Fragesätze mit einem Fragewort am Anfang, das mit **W** beginnt. Das Besondere an W-Fragen ist, dass man sie nicht mit „ja“ oder „nein“ beantworten kann, sondern immer eine ausführliche Antwort gefordert ist.

Wer spielt in der Geschichte mit?
wichtige Personen: *Kokosnuss, Oskar, Tiger*

Wann spielt die Geschichte?
Zeit oder Zeiten: *nachts*

Wo spielt die Geschichte?
Ort oder Orte: *Lagerplatz im Dschungel*

Was passiert in der Geschichte?
die wichtigste Handlung:
die beiden Freunde bauen ihr Zelt auf, dann treffen sie einen gefährlichen Tiger

Warum geschieht etwas?
Grund für das Verhalten der Personen:
die beiden Freunde suchen ein Abenteuer, bedenken aber nicht die Gefahren

Wie fühlen sich die Hauptpersonen?
sich in die Person hineinversetzen:
die beiden Freunde bekommen einen Schreck

Wie gefällt dir der Text?
eigene Meinung bilden und begründen

Zu Texten Stellung nehmen

Beim Lesen eines Texts entstehen bei jedem Menschen andere Bilder im Kopf. Man entwickelt eigene Gedanken und Gefühle und bildet sich eine Meinung. Die Gedanken und Meinungen sind oft bei jedem Leser verschieden.
Deshalb ist es interessant, sich darüber auszutauschen.
In einer Stellungnahme vertritt man seine eigene Meinung zu einem Erzähltext.

Sofie verstellt sich

Im Turnen ist Sofie nicht so gut. Am wenigsten mag sie Ballspiele. Die anderen in der Klasse sind fast alle größer und kräftiger. Da kommt sie schlecht weg. Jedes Mal wird sie ausgeschimpft: „Spiel doch richtig!" „Warum hast du mir den Ball nicht zugeschmissen?" „Du bist eine Flasche, Sofie!" Eine Flasche möchte Sofie nicht sein. Also hat sie sich was ausgedacht. Sie geht vor der Stunde zu ihrer Turnlehrerin, zu Frau Kleiber, zeigt auf ihr dünnes Bein und sagt: „Ich kann nicht mitmachen. Ich hab da Schmerzen." „Tut dir das Bein richtig weh?", erkundigt sich Frau Kleiber. Sofie nickt eifrig. „Dann ist es besser, du spielst nicht mit." Sofie freut sich, dass es so gut geklappt hat. Von da an hat sie im Turnen oft Beinweh.

Peter Härtling

Es ist wichtig, dass man den Inhalt des Textes verstanden hat.

1. Warum verstellt sich Sofie?
   → *weil sie keine Flasche sein will*

2. Was bedeutet der letzte Satz?
   „Von da an hat sie im Turnen oft Beinweh."
   → *Sie drückt sich noch oft vor Ballspielen.*

In einer **Lesekonferenz** verständigt man sich zunächst kurz über den Inhalt des gesamten Textes. Dann wird ein Schwerpunkt festgelegt. Man kann z. B. darüber diskutieren, wie man Sofies Verhalten findet.

Gedichte

- In einem **Gedicht** drückt der Dichter seine **Gedanken, Gefühle und Stimmungen** aus.
Dafür bringt er seine Worte in eine bestimmte Form.

Sommer

Die Tage tragen Badehosen
Und die Minuten spielen Ball
Libellen üben Sturzflug
Auf zwei Wasserrosen
Und irgendwo im Blau
Fliegt einer Überschall.

Edith Schreiber-Wicke

- **Sprachliche Bilder** werden genutzt, um Gefühle und Stimmungen in einem Gedicht anschaulich auszudrücken. Entsprechend ausdrucksvoll sollten sie vorgetragen werden.

Tage tragen Badehosen, Minuten spielen Ball

- Ähnlich wie in der Musik haben Gedichte einen bestimmten **Rhythmus**. Das bedeutet, es gibt betonte und unbetonte Silben. Man darf beim Vortragen aber nicht „leiern".

Gestern war ein Tag zum Weinen.
Gestern war ich nicht gesund.
Heute bin ich auf den Beinen.
Morgen geht es wieder rund.

Frantz Wittkamp

Manche Gedichte haben eine ganz bestimmte Form, an der man sie wiedererkennt.

Herbstzeit

Der Herbst ist bunt.
Die Nebel steigen.
Kraniche ziehen am Himmel.
Der Herbst ist bunt.
Wir gehen Pilze sammeln.
Die Drachen tanzen am Himmel.
Der Herbst ist bunt.
So viele herrliche bunte Blätter.

Solveig

Manche Gedichte haben **Strophen** und einen **Refrain**, der immer wiederkehrt. Das gibt es auch bei Liedern.

Die Schnecke

Übern Waldweg kriecht sehr scheu
meine kleine Schneck,
trägt ein Häuschen, fast wie neu,
weiß und ohne Dreck.
Schnicke, schnacke
schnicke, schnacke,
schnicke, schnacke,
Schneck!
Kriecht die Schnecke
um die Ecke,
ist die Schnecke weg.

Kriecht ins Häuschen,
wird es kühler,
kommt nicht mehr heraus.
Hat zwei kleine zarte Fühler
und kein großes Haus.
Schnicke, schnacke
schnicke, schnacke,
schnicke, schnacke,
Schneck!
Kriecht die Schnecke
um die Ecke,
ist die Schnecke weg.

Bruno Horst Bull

Szenische Texte

Ein besonderes Merkmal szenischer Texte ist die **wörtliche Rede** zwischen den Figuren, die in der Geschichte vorkommen. Ein szenischer Text kann als **Monolog** (nur eine Person spricht) oder als **Dialog** (zwei oder mehr Personen sprechen miteinander) gestaltet sein.

Wie Bernd und Frieder miteinander reden

Bernd: Geh mir mal aus dem Weg!
Frieder: Warum?
Bernd: Weil du mir im Weg stehst.
Frieder: Aber du kannst doch an mir vorbeigehn. Da ist eine Menge Platz.
Bernd: Das kann ich nicht.
Frieder: Warum?
Bernd: Weil ich geradeaus gehn will.
Frieder: Warum?
Bernd: Weil ich das will. Weil du jetzt mein Feind bist.
Frieder: Warum?
Bernd: Weil du mir im Weg stehst.
Frieder: Darum bin ich jetzt dein Feind.
Bernd: Ja. Darum.
Frieder: Und wenn ich dir aus dem Weg gehe, bin ich dann auch noch dein Feind?
Bernd: Ja. Weil du dann ein Feigling bist.
Frieder: Was soll ich denn machen?
Bernd: Am besten, wir verkloppen uns.
Frieder: Und wenn wir uns verkloppt haben, bin ich dann auch noch dein Feind?
Bernd: Ich weiß nicht. Kann sein.
Frieder: Dann geh ich dir lieber aus dem Weg und bin ein Feigling.
Bernd: Ich hab gewusst, dass du ein Feigling bist. Von Anfang an hab ich das gewusst.
Frieder: Wenn du es schon vorher gewusst hast, warum bist du dann nicht an mir vorbeigegangen?

Peter Härtling

- Ein szenischer Text hat oft auch **Regieanweisungen**. Das sind Anweisungen des Autors, was die Darsteller tun sollen. Diese Anweisungen stehen meist schräg im Text oder im **Drehbuch**. Ein Drehbuch ist die Bauanleitung für einen Film, in dem alle Szenen genau beschrieben werden.

Bernd und Frieder kommen aufeinander zu.
Bernd *(macht sich groß, verschränkt die Arme vor der Brust):* Geh mir mal aus dem Weg!
Frieder *(steckt die Hände in die Hosentaschen):* Warum?
Bernd *(beugt sich leicht vor, wütend):* Weil du mir im Weg stehst.
Frieder *(ausladende Handbewegung):* Aber du kannst doch an mir vorbeigehn. Da ist eine Menge Platz.

- In einem szenischen Text gibt es meist auch Angaben über den Aufbau der Kulisse, zu den Requisiten und Kostümen. Beschrieben wird auch, was die Figuren in ihrer Rolle genau tun sollen.

Kulisse
- gesamtes Bühnenbild im Theaterstück
- bemalte Schiebewand (meist aus Pappe oder Leinwand)

z. B. vor der Schulhofmauer

Requisiten
alle erforderlichen Gegenstände zur Ausstattung des Theaterstückes

z. B. Papierkorb, Basketballnetz

Kostüme
Verkleidung, die viel über die Figur aussagt

z. B. Bernd mit Jeans und Basecap

- Ein szenischer Text kann die Grundlage für ein Hörspiel sein. Im Hörspiel wird die Handlung des Stückes einzig mit den Stimmen der Figuren und mit passender Musik, Geräuschen und Klängen dargestellt.

Märchen

- Märchen gibt es auf der ganzen Welt. Früher wurden Märchen durch Weitererzählen verbreitet. Irgendwann wurden sie gesammelt und aufgeschrieben.

- Märchen sind einfach zu erkennen, weil sie gemeinsame Merkmale besitzen:

Märchenanfang:
Es war einmal ...
Einstmals ...
Vor langer, langer Zeit ...

Sprüche:
Spieglein, Spieglein an der Wand,
wer ist die Schönste im ganzen Land?
Ach wie gut, dass niemand weiß,
dass ich Rumpelstilzchen heiß!

veraltete Wörter:
Dirne (Mädchen)
Spielwerk (Spielzeug)
nimmermehr ...

bestimmte Zahlen:
drei: *drei Wünsche, drei Proben bestehen ...*
sieben: *sieben Zwerge, sieben Geißlein ...*
zwölf: *zwölf Feen, zwölf Schwäne ...*

Gegensatzpaare:
schön – hässlich
gut – böse
arm – reich
dumm – schlau

Schluss:
Und wenn sie nicht gestorben sind, so leben sie noch heute ...
Sie lebten glücklich bis ans Ende ihrer Tage ...

fantastische Gestalten:
Feen, Hexen, Riesen, Zwerge, verzauberte Prinzessinnen, sprechende Tiere, Drachen ...

wundersame Dinge:
eine goldene Gans,
ein vergifteter Apfel,
ein sprechender Spiegel,
ein Pfefferkuchenhaus ...

→ Oft muss eine Hauptfigur eine Prüfung bestehen, bevor sie am Ende glücklich wird.
Der Königssohn befreit Rapunzel aus ihrem Turm.

→ Meist gibt es im Märchen einen Streit oder einen Kampf zwischen Arm und Reich oder Gut und Böse.
das liebe Rotkäppchen und der böse Wolf

→ Die meisten Märchen gehen gut aus. Am Ende siegt das Gute über das Böse, das Kluge über das Dumme.
Der gestiefelte Kater erobert das Schloss.

Es waren einmal drei Grünlinge. Diese spazierten eines Tages durch den Wald, um Gelblinge, ihre Lieblingsspeise, zu suchen. Aber die drei Grünlinge konnten keine Gelblinge finden – alle waren abgepflückt!
Mit hungrigem Magen machten sie sich auf den Rückweg. Plötzlich stellte sich ihnen ein gefährlicher Blauling mit einer Pfanne in den Weg. Er schnaubte: „Oh ... Grünlinge schmecken doch genauso gut wie Gelblinge!“ Er war es, der die ganzen Gelblinge gepflückt und gebraten hatte.
Die drei Grünlinge zwinkerten sich zu, denn sie wussten, dass Gelblinge für alle anderen Farbwesen recht giftig sind. Sie warteten ab, bis der Blauling mit schlotternden Hosen hinter einen Baum rannte und dort alles wieder ausspucken musste. Gemütlich wanderten sie nach Hause und freuten sich auf die nächste Mahlzeit.
Sie lebten glücklich bis zu ... dem Tag, als zwanzig Rotlinge im Wald auftauchten.

Valeria

Die berühmteste deutsche Märchensammlung stammt von den Gebrüdern Jacob und Wilhelm Grimm. Auch die Märchen von Hans Christian Andersen oder Wilhelm Hauff sind sehr bekannt.

Sagen

- Früher gab es **rätselhafte Ereignisse**, für die man **keine richtige Erklärung** fand.
  Aus diesen eigenartigen Begebenheiten heraus entstanden Sagen. Sie wurden im Volk immer weitererzählt und später – so wie die Märchen – aufgeschrieben.

- Das sind die Merkmale einer Sage:

  → Sagen enthalten oft einen **wahren Kern**.

  → Sagen erklären, wie besondere **Bauwerke** oder **Naturerscheinungen** entstanden sind.

  → Sagen können von **Menschen** erzählen, die tatsächlich gelebt haben. Manchmal kommen in Sagen auch **übernatürliche Wesen** vor, die besondere Kräfte haben.

  → In Sagen wird ein **Ort** genannt, den es mal gegeben hat, manchmal auch eine genaue Zeitangabe.

Wie der Spreewald entstand

Der Teufel pflügte einmal mit seinem Gespann in der Eiszeit das Bett der Spree. Doch nach einem Gutteil der Strecke machten die Ochsen schlapp und lagen müde in den Riemen. Der Mann mit dem Pferdefuß warf wütend die Mütze nach den Tieren und zischte: „Euch soll meine Großmutter holen!“ Das giftige Fauchen schreckte die Ochsen auf. Sie ergriffen die Flucht und zogen dabei den Pflug kreuz und quer hinter sich her. So entstand das Netz der 330 großen und kleinen Wasserarme, der Spreewald in Brandenburg – jedenfalls der Sage nach.

Es gibt verschiedene Sagen:

Heldensagen

Sie sind ungefähr 1000 Jahre alt und erzählen über Fantasiefiguren und ihre heldenhaften Taten.

Siegfried der Drachentöter

Örtliche Sagen

Sagen über einen konkreten Ort sollen eine Naturerscheinung, einen bestimmten Namen oder merkwürdiges Ereignis erklären, das hier geschah.

Brunhildes Sprung mit dem Pferd über die Bode zur Rosstrappe

Göttersagen

Göttersagen sind sehr alt und erzählen meist vom Zusammenleben der Götter und der Menschen.

Odysseus

In einer Bibliothek gibt es spannende Bücher über Sagen.

Fabeln

- Fabeln sind Erzähltexte, in denen **Tiere** oder auch **Pflanzen wie Menschen** sprechen und denken.
  Dabei geht es meist darum, typische Eigenschaften von Menschen zu verdeutlichen.

- Bestimmte Tiere haben in Fabeln feste Eigenschaften.
  Manchmal haben sie einen besonderen Namen.

Das ist Meister Petz. Er ist meist gutmütig und freundlich.

Das ist Leo (oder Leu), König der Tiere.
Er ist meist stolz, mächtig und stark.

Das ist Reineke.
Er ist meist schlau, listig und durchtrieben.

- In knapper Form verdeutlichen die Fabeln eine **Lehre**, die man **am Ende** der Fabel findet. Manchmal muss man den Lehrsatz der Fabel aber auch selbst erkennen.

Der Fuchs und die Trauben

Ein Fuchs strich durch einen Weinberg und sah eine besonders saftige Traube hängen, die ihm das Wasser im Munde zusammenlaufen machte. Er sprang, um sie herunterzureißen, aber sie hing zu hoch. Schließlich verließ er enttäuscht den Weinberg und sagte: „Eigentlich bin ich gar nicht hungrig, und wahrscheinlich sind diese Trauben ganz sauer.“ Was mir nicht gehört, ist sicher nichts wert. *Äsop, um 600 v. Chr.*

Schwank

- Der Schwank ist eine kurze Erzählung, die von einer lustigen Situation oder Begegnung aus dem Alltag berichtet. Das Ende ist meist überraschend und witzig.

Der entdeckte Messerdiebstahl

Als einem Wirt ein paar Messer gestohlen wurden, klagte er es einem guten Freund, welcher sich erbot, gegen eine freie Zeche ihm die Messer wieder zu schaffen. Der Wirt versprach die Zeche, und der Gast sagte: „Gilt's, ihr Herren, ich will's noch herausbringen, welcher unter Ihnen dem Wirt aus Kurzweil seine Messer genommen! Verbindet mir die Augen, ich will ihn greifen!“
Hierauf sagte er: „Nun stecket alle die Köpfe unter den Tisch!“
Nach einer kleinen Weile sagte er: „Habt Ihr die Köpfe alle drunten?“
Sie sagten alle: „Ja.“
„Auch der, welcher die Messer hat?“
Er schrie: „Ja.“ Und damit ward offenbar, wer die Messer hatte, und gaben sie dem Wirt wieder.

Daniel Elias Helmhack (1729)

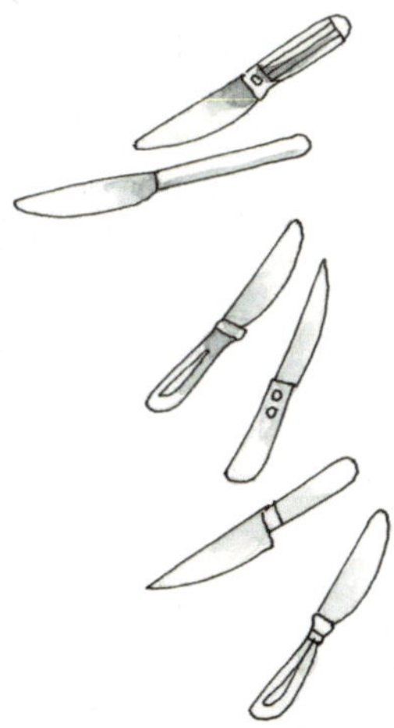

- In einem Schwank überlistet oft ein Gewitzter („ein Schelm“) einen oder mehrere Einfältige. Besonders berühmt sind die Streiche des Till Eulenspiegel.

Eine Buchvorstellung vorbereiten

Auswahl des Buches

- Wenn man ein Buch vorstellen will, muss man es genau gelesen haben.
- Wenn man ein Buch wählt, das einem sehr gefällt, gelingt es leichter, die Zuhörer für das Buch zu begeistern.

Notizen oder Stichpunktzettel anfertigen

- **Wie** heißt das Buch? *(Buchtitel)*
- **Wer** hat es geschrieben? *(Lebensdaten der Autorin / des Autors, weitere Werke)*
- **Was** für ein Buch ist es? *(Handelt es sich um einen Krimi, ein Abenteuerbuch, einen Ratgeber?)*
- Wo ist es erschienen? *(Verlag)*
- Wer hat es illustriert? *(Wer hat die Bilder gezeichnet?)*

passende Textstellen finden

- Für eine Buchvorstellung sollte man einen besonders lustigen, spannenden oder interessanten Auszug wählen.
- Man kann auch passende Bilder in einer Buchvorstellung zeigen.
- Es ist günstig, in die Seiten mit den Textstellen ein Lesezeichen zu legen.

Vortrag üben

- Man kann die Sätze anhand des Stichwortzettels bilden.
- Die Textstellen, die man ausgesucht hat, sollte man flüssig und fehlerfrei lesen können.

Ein Buch vorstellen

So kann man ein Buch vorstellen:

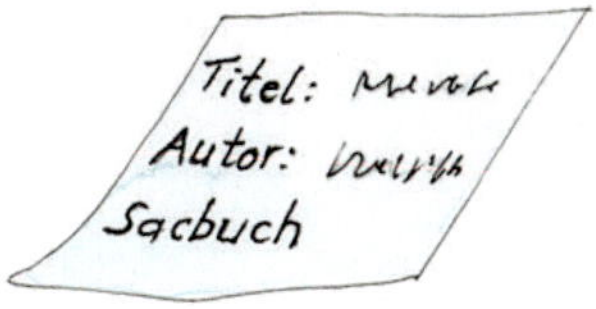

- *Titel meines Buches ist ...*
- *Es ist ein ... (Abenteuerroman, Krimi ...)*
- *Der Autor/die Autorin heißt ...*
  Über den Autor/die Autorin kann ich berichten ...
- *Das Buch hat ... Seiten und ist im ...-Verlag erschienen.*
- *Die Bilder sind von der Illustratorin/dem Illustrator ...*
- *Die Geschichte beginnt so ...*
- *Die wichtigsten Figuren sind ...*
- *Besonders gefällt mir die Stelle ...*
- *Die Geschichte endet so ...*
- *Ich finde das Buch ...*
- *Ich empfehle das Buch, weil ...*

Vorlesetipps:

- Notiere in deinem Text Pausenzeichen.
- Setze beim Vorlesen kleine Pausen.
- Schaue deine Zuhörer an, wenn du eine Pause machst.
- Achte bei der Betonung auf die Satzschlusszeichen.
- Verstelle deine Stimme bei der wörtlichen Rede.
- Lies an den passenden Stellen laut oder leise, tief oder hoch, nett oder böse, schnell oder langsam.
- Markiere dir schwierige Wörter und übe sie vorher besonders gut.
- Unterstreiche Wörter, die du betonen willst.

Register

Textquellen

S. 80 Robert Louis Stevenson: Am Meer. In: Mein Bett ist ein Boot. Oldenburg: Lappan Verlag 2002; James Krüss: Kleine Katzen sind so niedlich (gek.; ohne Überschrift). In: James' Tierleben. Hamburg: Carlsen Verlag 2009
S. 110 Ingo Siegner: Der kleine Drache Kokosnuss: Die Mutprobe. München: cbj 2015
S. 112 Peter Härtling: Sofie verstellt sich. Aus: Sofie macht Geschichten. Weinheim und Basel: Beltz und Gelberg 1987
S. 114 Frantz Wittkamp: Ich glaube, dass du ein Vogel bist. Weinheim und Basel: Beltz Verlag 1987; Edith Schreiber-Wicke: Sommer. In: Dem Einfall fiel es plötzlich ein. Wien: Jungbrunnen-Verlag 1995
S. 115 Bruno Horst Bull: Die Schnecke. In: Aus dem Kinderwunderland. Freiburg: Herder 1968
S. 116/117 Peter Härtling: Wie Bernd und Frieder miteinander reden. In: Der Traumschrank. Darmstadt/Neuwied: Luchterhand Verlag 1976
S. 120 Klaue, Karl-Heinz: Wie der Spreewald entstand. Nach: Spreewald. Leipzig: Brockhaus Verlag 1987
S. 121 Der Fuchs und die Trauben. In: Fabeln des Äsop. Nacherzählt von Rudolf Hagelstange. Ravensburg: Otto Maier Verlag 1965
S. 123 Daniel Elias Helmhack: Der entdeckte Messerdiebstahl. In: Siegfried Arnim Neumann (Hrsg): Den Spott zum Schaden. Rostock: Hirnstorff Verlag 1976

Bildquellen

S. 78 Comicstrip: Tom Espen/Distr. Bulls.
S. 89 Lebkuchen: shutterstock.com/Africa Studio
S. 100 Rauchen verboten: shutterstock/Mironov Konstantin; Totenkopf: shutterstock.com/ILantos; Peace: shutterstock.com/yulianas; Bundesadler: shutterstock.com/Sudowoodo; Hieroglyphen: shutterstock.com/Fedor Selivanov; Frau/Mann: shutterstock.com; Yin/Yang: shutterstock.com/svtdesign; Island-Flagge: ClipDealer GmbH/lantapix
S. 102 Löwe: sciencephotolibrary/FRANS LANTING, MINT IMAGES
S. 108 Wetterkarte: dpa Picture-Alliance; Liniennetz: shutterstock.com/Lesniewski
S. 109 Stadtplan: Peter Kast
S. 110 Ingo Siegner: Der kleine Drache Kokosnuss – Die Mutprobe, 2015, cbj Verlag, München, in der Verlagsgruppe Random House GmbH
S. 118 Gebrüder Grimm: akg-images